Indice

Prefazione

In vista del Concorso Docenti 2024, questo libro emerge come risorsa cruciale per chi è in procinto di intraprendere la carriera educativa, puntando a diventare parte integrante del sistema scolastico nazionale. Dedicando particolare attenzione ai vari livelli di insegnamento – che spaziano dalla scuola dell'infanzia alla secondaria, fino al supporto specializzato – miriamo a fornire non solo fondamenti teorici, ma anche strumenti pratici, inclusi esempi di lezione simulata e schemi dettagliati, ideati per superare efficacemente la prova orale del concorso.

Il percorso verso il Concorso Docenti 2024 è un momento chiave per coloro che desiderano trasformare la loro vocazione per l'educazione in una professione duratura e gratificante. La prova orale, in questo scenario, diventa essenziale non solo per valutare le competenze acquisite, ma anche come occasione per dimostrare la propria dedizione, preparazione e capacità di coinvolgere gli studenti.

Questo manuale è stato pensato come una guida completa e affidabile per accompagnare i candidati nel loro percorso di preparazione, proponendo riflessioni, approcci didattici innovativi e tattiche efficienti per promuovere un insegnamento efficace e coinvolgente.

Posto Comune Infanzia e Primaria

TRACCIA N. 8

Il/la candidato/a formuli un progetto di attività didattica finalizzato a sollecitare l'osservazione sui fenomeni naturali, nell'ambito del campo di esperienza "La conoscenza del mondo". Consideri che l'attività è rivolta a un gruppo di alunni/e di età compresa tra i 3 e i 5 anni, di cui uno con problemi comportamentali.

Il/la candidato/a formuli un progetto di attività didattica finalizzata allo sviluppo della comunicazione e in particolare dell'espressione verbale nell'ambito del campo di esperienza "I discorsi e le parole".

L'attività è rivolta a un piccolo gruppo di alunni definito dal/la candidato/a, di cui una di 4 anni con diagnosi di disabilità intellettiva di grado medio; la bambina mostra difficoltà nella comprensione del linguaggio verbale, con tempi di attenzione brevi. La piccola appare, tuttavia, interessata alla relazione con i compagni.

Si abbia cura di tenere in considerazione le due prospettive pedagogiche dei bisogni individuali e dell'inclusione.

Il/la candidato/a avrà a sua disposizione una postazione con LIM e videoproiettore per la presentazione e lo svolgimento della lezione. La durata massima della lezione è di 30 minuti, comprensiva della parte volta a valutare l'abilità di comprensione scritta (lettura) e di produzione orale (parlato) in lingua inglese, almeno al livello B2 del Quadro Comune Europeo di Riferimento per le lingue.

TRACCIA N. 11

Il/la candidato/a formuli un progetto di attività didattica finalizzato allo sviluppo delle capacità logiche, nell'ambito del campo di esperienza "La conoscenza del mondo".

L'attività è rivolta a un gruppo omogeneo per età di alunni/e di 4 anni, di cui uno con diagnosi di disabilità intellettiva di grado medio; il bambino non parla ma si esprime attraverso una mimica coerente e una gestualità con valenza comunicativa.

Il bambino è in grado di impilare alcuni cubetti, infilare semplici forme a incastro e si avvale, in genere, di una buona memoria visiva.

Si abbia cura di tenere in considerazione le due prospettive pedagogiche dei bisogni individuali e dell'inclusione.

Il/la candidato/a avrà a sua disposizione una postazione con LIM e videoproiettore per la presentazione e lo svolgimento della lezione. La durata massima della lezione è di 30 minuti, comprensiva della parte volta a valutare l'abilità di comprensione scritta (lettura) e di produzione orale (parlato) in lingua inglese, almeno al livello B2 del Quadro Comune Europeo di Riferimento per le lingue.

TRACCIA N. 12

Il/la candidato/a formuli un progetto di attività didattica finalizzata allo sviluppo di abilità sociali riferite a reciprocità, rispetto dei turni e dei ruoli, nell'ambito del campo di esperienza "Il sé e l'altro".

L'attività è rivolta a un piccolo gruppo di alunni definito dal/la candidato/a, di cui una di 4 anni con diagnosi di disturbo multisistemico dello sviluppo; la bambina mostra inoltre difficoltà di attenzione e iperattività. Il linguaggio verbale è in fase di acquisizione.

Si abbia cura di tenere in considerazione le due prospettive pedagogiche dei bisogni individuali e dell'inclusione.

Il/la candidato/a avrà a sua disposizione una postazione con LIM e videoproiettore per la presentazione e lo svolgimento della lezione. La durata massima della lezione è di 30 minuti, comprensiva della parte volta a valutare l'abilità di comprensione scritta (lettura) e di produzione

Il candidato progetti un'attività didattica interdisciplinare di Lingua italiana ed Educazione civica, comprensiva delle scelte contenutistiche, didattiche, metodologiche compiute e valutative, nonché di esempi di utilizzo pratico delle tecnologie digitali.

Il candidato dovrà inoltre indicare con precisione le modalità e gli strumenti di valutazione, predisponendo eventualmente prove personalizzate, relative alle osservazioni in itinere e la valutazione finale.

La progettazione didattica deve prevedere più moduli e promuovere il raggiungimento dei seguenti obiettivi di apprendimento:

Comprendere in brevi testi il significato di parole non note basandosi sia sul contesto sia sulla conoscenza intuitiva delle famiglie di parole;

Ampliare il patrimonio lessicale attraverso esperienze scolastiche ed extrascolastiche e attività di interazione orale e di lettura.

Per quanto riguarda l'educazione civica si fa riferimento al seguente nucleo concettuale: SVILUPPO SOSTENIBILE, educazione ambientale, conoscenza e tutela del patrimonio e del territorio.

I destinatari sono 18 alunni di una classe terza della scuola primaria.

La classe è vivace dal punto di vista del comportamento e delle relazioni e abbastanza collaborativa nella partecipazione alle attività. Essa si presenta variegata dal punto di vista della provenienza dei bambini. È presente un alunno con piano educativo individualizzato, in relazione ad una diagnosi di Sindrome di Asperger con una particolare passione per la geografia. Ha buone risorse cognitive, ma difficoltà nelle relazioni sociali. Di recente è stata effettuata una diagnosi di disturbi specifici dell'apprendimento ad una bambina che presenta fragilità soprattutto nella lettura, particolarmente incidenti sulla comprensione del testo scritto. Questo comporta un disturbo d'ansia secondario.

Il candidato avrà a sua disposizione computer e un

videoproiettore per la presentazione e lo svolgimento della lezione.

Il candidato illustra il progetto dell'attività didattica che ha ideato in un tempo adeguato della durata massima complessiva di 30 minuti, considerando che nel corso della presentazione la commissione interloquisce con il candidato per approfondire i diversi aspetti della

progettazione, anche con riferimento ai fondamenti concettuali delle scelte pedagogicodidattiche e alla capacità di comprensione e conversazione in lingua inglese, almeno a livello

B_2 del Quadro Comune Europeo di Riferimento per le lingue, nonché alla specifica capacità didattica per l'insegnamento della lingua inglese.

Il candidato progetti un'attività didattica interdisciplinare di Lingua italiana ed Educazione civica, comprensiva delle scelte contenutistiche, didattiche, metodologiche compiute e valutative, nonché di esempi di utilizzo pratico delle tecnologie digitali. Il candidato dovrà inoltre indicare con precisione le modalità e gli strumenti di valutazione, predisponendo eventualmente prove personalizzate, relative alle osservazioni in itinere e la valutazione finale.

La progettazione didattica deve prevedere più moduli e promuovere il raggiungimento dei seguenti obiettivi di apprendimento: Comprendere il tema e le informazioni essenziali di un'esposizione (diretta o trasmessa); comprendere lo scopo e l'argomento di messaggi trasmessi dai media (annunci, bollettini...); Organizzare un semplice discorso orale su un tema affrontato in classe con un breve intervento preparato in precedenza o un'esposizione su un argomento di studio utilizzando una scaletta.

Per quanto riguarda l'educazione civica si fa riferimento al seguente nucleo concettuale: COSTITUZIONE, diritto (nazionale e internazionale), legalità e solidarietà.

I destinatari sono 18 alunni di una classe quinta della scuola primaria.

Nella classe è presente un alunno con una diagnosi di Sindrome di Asperger per il quale è stato predisposto un piano educativo individualizzato. Il quadro clinico è di media gravità; l'alunno possiede ottime risorse cognitive ed è seguito da un insegnante di sostegno. La classe è nel complesso vivace ma molto propositiva e con buone relazioni. È presente un alunno con Bisogni educativi speciali per il quale i docenti hanno predisposto un Piano didattico personalizzato, in relazione a un funzionamento intellettivo limite e a disturbi dello sviluppo psicologico.

Il candidato avrà a sua disposizione computer e un videoproiettore per la presentazione e lo svolgimento della lezione.

Il candidato illustra il progetto dell'attività didattica che ha ideato in un tempo adeguato della durata massima complessiva di 30 minuti, considerando che nel corso della presentazione la commissione interloquisce con il candidato per approfondire i diversi aspetti della progettazione, anche con riferimento ai fondamenti concettuali delle scelte pedagogicodidattiche e alla capacità di comprensione e conversazione in lingua inglese, almeno a livello B2 del Quadro Comune Europeo di Riferimento per le lingue, nonché alla specifica capacità didattica per l'insegnamento della lingua inglese.

Il candidato progetti un'attività didattica interdisciplinare, comprensiva delle scelte contenutistiche, didattiche, metodologiche compiute e valutative, nonché di esempi di utilizzo pratico delle tecnologie digitali.

L'attività deve partire dal seguente traguardo di competenza "Conosce e utilizza semplici oggetti e strumenti di uso quotidiano ed è in grado di descriverne la funzione principale e la struttura e di spiegarne il funzionamento". Deve coinvolgere le seguenti discipline: tecnologia, arte e immagine, italiano.

Il candidato dovrà indicare con precisione le modalità e gli strumenti di valutazione. Dovrà altresì predisporre un compito di realtà, illustrando i traguardi disciplinari e/o trasversali correlati, gli obiettivi di apprendimento disciplinari, la consegna operativa per gli alunni, le modalità e i tempi di somministrazione della prova, i materiali necessari, gli adattamenti per allievi con BES.

I destinatari sono 19 alunni di una classe seconda della scuola primaria.
La classe è molto eterogenea, vivace, ma propositiva e inclusiva. Si presenta abbastanza variegata dal punto di vista della provenienza dei bambini.

E' presente un alunno, per il quale i docenti hanno elaborato un Piano educativo individualizzato, in relazione alla seguente diagnosi: Disturbo dello spettro autistico. Ha buone risorse cognitive, ma ha notevoli difficoltà a interagire con i compagni. Sono ottime le relazioni con i docenti.

Il candidato avrà a sua disposizione computer e videoproiettore per la presentazione e lo svolgimento della lezione. Il candidato illustra il progetto dell'attività didattica che ha ideato in un tempo adeguato della durata massima complessiva di 30 minuti, considerando che nel corso della presentazione la commissione interloquisce con il candidato per approfondire i diversi aspetti della progettazione, anche con riferimento ai fondamenti concettuali delle scelte pedagogicodidattiche e alla capacità di comprensione e conversazione in lingua inglese, almeno a livello

B2 del Quadro Comune Europeo di Riferimento per le lingue, nonché alla specifica capacità didattica per l'insegnamento della lingua inglese.

Il candidato progetti un'attività didattica interdisciplinare di Arte e immagine e Lingua italiana, comprensiva delle scelte contenutistiche, didattiche, metodologiche compiute e valutative, nonché di esempi di utilizzo pratico delle tecnologie digitali.

Il candidato dovrà inoltre indicare con precisione le modalità e gli strumenti di valutazione, predisponendo eventualmente prove personalizzate, relative alle osservazioni in itinere e la valutazione finale.

La progettazione didattica deve prevedere più moduli e promuovere il raggiungimento dei seguenti obiettivi di apprendimento:
Ricostruire verbalmente le fasi di un'esperienza vissuta a scuola o in altri contesti; Elaborare creativamente produzioni personali e autentiche per esprimere sensazioni ed emozioni; rappresentare e comunicare la realtà percepita.

I destinatari sono 18 alunni di una classe prima della scuola primaria. L'attività viene proposta alla fine del secondo quadrimestre.

La classe è abbastanza vivace dal punto di vista del comportamento e delle relazioni e dimostra di partecipare volentieri alle attività. Essa si presenta variegata dal punto di vista della provenienza dei bambini. Sono presenti un alunno per il quale è stato predisposto un Piano educativo individualizzato, in relazione ad un ritardo globale di sviluppo di grado medio, ed una bambina con bisogni educativi speciali, per la quale è stato redatto un piano didattico personalizzato in relazione ad un disturbo depressivo, con una situazione familiare particolarmente difficile, a causa di un forte disagio che sta momentaneamente vivendo.

Il candidato avrà a sua disposizione computer e un videoproiettore per la presentazione e lo svolgimento della lezione. Il candidato illustra il progetto dell'attività didattica che ha ideato in un tempo adeguato della durata massima complessiva di 30 minuti, considerando che nel corso della presentazione la commissione interloquisce con il candidato per approfondire i diversi aspetti della progettazione, anche con riferimento ai fondamenti concettuali delle scelte pedagogicodidattiche e alla capacità di comprensione e conversazione in lingua inglese, almeno a livello B2 del Quadro Comune Europeo di Riferimento per le lingue, nonché alla specifica capacità didattica per l'insegnamento della lingua inglese.

orale (parlato) in lingua inglese, almeno al livello B2 del Quadro Comune Europeo di Riferimento per le lingue.Il/la candidato/a avrà a sua disposizione una postazione con LIM e videoproiettore per la presentazione e lo svolgimento della lezione. La durata massima della lezione è di 30 minuti, comprensiva della parte volta a valutare l'abilità di comprensione scritta (lettura) e di produzione orale (parlato) in lingua inglese, almeno al livello B2 del Quadro Comune Europeo di Riferimento per le lingue.

Il candidato progetti un'attività didattica di Matematica comprensiva delle scelte contenutistiche, didattiche, metodologiche compiute e valutative, nonché di esempi di utilizzo pratico delle tecnologie digitali.

Il candidato dovrà inoltre indicare con precisione le modalità e gli strumenti di valutazione, predisponendo eventualmente prove personalizzate, relative alle osservazioni in itinere e la valutazione finale.

La progettazione didattica deve prevedere più moduli e promuovere il raggiungimento dei seguenti obiettivi di apprendimento:
Classificare numeri, figure, oggetti in base a una o più proprietà, utilizzando rappresentazioni opportune, a seconda dei contesti e dei fini.

I destinatari sono 17 alunni di una classe terza della scuola primaria. La classe si presenta abbastanza variegata dal punto di vista della provenienza dei bambini.

La classe è nel complesso vivace ma molto propositiva e con buone relazioni.

Nella classe è presente un'alunna con disturbi specifici di apprendimento, in particolare con difficoltà nell'area del calcolo (discalculia). I docenti hanno predisposto un Piano didattico personalizzato.

Nella classe, è stato inserito in corso d'anno un bambino siriano: è in via di acquisizione la conoscenza sia della lingua italiana sia di quella francese e necessita di attività individualizzate. L'alunno è seguito per un numero di 6 ore settimanali da una mediatrice culturale. I docenti hanno predisposto un Piano didattico personalizzato.

Il candidato avrà a sua disposizione computer e un videoproiettore per la presentazione e lo svolgimento della lezione. Il candidato illustra il progetto dell'attività didattica che ha ideato in un tempo adeguato della durata massima complessiva di 30 minuti, considerando che nel corso della presentazione la commissione interloquisce con il candidato per approfondire i diversi aspetti della progettazione, anche con riferimento ai fondamenti concettuali delle scelte pedagogicodidattiche e alla capacità di comprensione e conversazione in lingua inglese, almeno a livello B2 del Quadro Comune Europeo di Riferimento per le lingue, nonché alla specifica capacità didattica per

l'insegnamento della lingua inglese.

Traccia 4Il candidato progetti un'attività didattica interdisciplinare, comprensiva delle scelte contenutistiche, didattiche, metodologiche compiute e valutative, nonché di esempi di utilizzo pratico delle tecnologie digitali.

Il candidato progetti un'attività didattica interdisciplinare, comprensiva delle scelte contenutistiche, didattiche, metodologiche compiute e valutative, nonché di esempi di utilizzo pratico delle tecnologie digitali.

L'attività deve partire dal seguente traguardo di competenza "Sviluppare un atteggiamento positivo rispetto alla matematica, attraverso esperienze significative, che gli hanno fatto intuire come gli strumenti matematici che ha imparato ad utilizzare siano utili per operare nella realtà". Deve coinvolgere le seguenti discipline: matematica e tecnologia.

Il candidato dovrà indicare con precisione le modalità e gli strumenti di valutazione. Dovrà altresì predisporre un compito di realtà, illustrando i traguardi disciplinari e/o trasversali correlati, gli obiettivi di apprendimento disciplinari, la consegna operativa per gli alunni, le modalità e i tempi di somministrazione della prova, i materiali necessari, gli adattamenti per allievi con BES.

I destinatari sono 14 alunni di una pluriclasse terza
e quarta della scuola primaria. La classe è molto
eterogenea, ma vivace e inclusiva.

Sono presenti due alunni, iscritti alla classe terza, per i quali
i docenti hanno predisposto un Piano educativo
individualizzato in relazione alla seguente diagnosi:
1. Disturbo della comprensione del linguaggio; disturbo del
   linguaggio espressivo.
2. Ipoacusia neurosensoriale; disturbo della
comprensione del linguaggio; disturbo evolutivo
specifico della funzione motoria.

Il candidato avrà a sua disposizione computer e videoproiettore
per la presentazione e lo svolgimento della lezione. Il candidato
illustra il progetto dell'attività didattica che ha ideato in un tempo
adeguato della durata massima complessiva di 30 minuti,
considerando che nel corso della presentazione la commissione
interloquisce con il candidato per approfondire i diversi aspetti
della progettazione, anche con riferimento ai fondamenti
concettuali delle scelte pedagogicodidattiche e alla capacità di
comprensione e conversazione in lingua inglese, almeno a livello
B2 del Quadro Comune Europeo di Riferimento per le lingue,
nonché alla specifica capacità didattica per l'insegnamento della
lingua inglese.

Il candidato progetti un'attività didattica di Scienze comprensiva delle scelte

contenutistiche, didattiche, metodologiche compiute e valutative, nonché di esempi di utilizzo pratico delle tecnologie digitali.

Il candidato dovrà inoltre indicare con precisione le modalità e gli strumenti di valutazione, predisponendo eventualmente prove personalizzate, relative alle osservazioni in itinere e la valutazione finale.

La progettazione didattica deve prevedere più moduli e promuovere il raggiungimento dei seguenti obiettivi di apprendimento:
Individuare le proprietà di alcuni materiali come, ad esempio: la durezza, il peso, l'elasticità, la trasparenza, la densità, ecc.; realizzare sperimentalmente semplici soluzioni in acqua (acqua e zucchero, acqua e inchiostro, ecc.).

Particolare attenzione deve essere posta ai collegamenti con l'insegnamento della tecnologia, dell'inglese e all'insegnamento dell'educazione civica.

I destinatari sono 19 alunni di una classe quarta della scuola primaria.
La classe è abbastanza tranquilla, ma fatica a controllarsi nelle

situazioni poco strutturate.

E' presente un alunno con Bisogni educativi speciali, per il quale i docenti hanno predisposto un Piano didattico personalizzato, in relazione ad una fragilità generale legata a problematiche socio-familiari e ad una carenza di stimoli.

Il candidato avrà a sua disposizione computer e un videoproiettore per la presentazione e lo svolgimento della lezione. Il candidato illustra il progetto dell'attività didattica che ha ideato in un tempo adeguato della durata massima complessiva di 30 minuti, considerando che nel corso della presentazione la commissione interloquisce con il candidato per approfondire i diversi aspetti della progettazione, anche con riferimento ai fondamenti concettuali delle scelte pedagogicodidattiche e alla capacità di comprensione e conversazione in lingua inglese, almeno a livello B2 del Quadro Comune Europeo di Riferimento per le lingue, nonché alla specifica capacità didattica per l'insegnamento della lingua inglese.

Il candidato progetti un'attività didattica interdisciplinare di Lingua italiana ed Educazione fisica, comprensiva delle scelte contenutistiche, didattiche, metodologiche compiute e valutative, nonché di esempi di utilizzo pratico delle tecnologie digitali.

Il candidato dovrà inoltre indicare con precisione le modalità e gli strumenti di valutazione, predisponendo eventualmente prove personalizzate, relative alle osservazioni in itinere e la valutazione finale.

La progettazione didattica deve prevedere più moduli e promuovere il raggiungimento dei seguenti obiettivi di apprendimento:

Leggere testi (narrativi, descrittivi, informativi) cogliendo l'argomento di cui si parla e individuando le informazioni principali e le loro relazioni.

Utilizzare in forma originale e creativa modalità espressive e corporee anche attraverso forme di drammatizzazione e danza, sapendo trasmettere nel contempo contenuti emozionali.

I destinatari sono 17 alunni di una classe seconda della scuola primaria.

La classe è abbastanza vivace, sia dal punto di vista del comportamento e delle relazioni, sia dal punto di vista della partecipazione alle attività.

Nella classe è presente un'alunna per la quale è stato predisposto un piano educativo individualizzato, con una diagnosi di disturbo dello spettro autistico di grado lieve, con disturbo dell'attenzione e del comportamento sociale.

È presente inoltre un altro alunno con Bisogni educativi speciali per il quale i docenti hanno predisposto un Piano didattico personalizzato, in relazione ad un ritardo mentale lieve in via di attestazione. La classe si presenta molto variegata dal punto di vista della provenienza dei bambini.

Il candidato avrà a sua disposizione computer e un videoproiettore per la presentazione e lo svolgimento della lezione. Il candidato illustra il progetto dell'attività didattica che ha ideato in un tempo adeguato della durata massima complessiva di 30 minuti, considerando che nel corso della presentazione la commissione interloquisce con il candidato per approfondire i diversi aspetti della progettazione, anche con riferimento ai fondamenti concettuali delle scelte pedagogicodidattiche e alla capacità di comprensione e conversazione in lingua inglese, almeno a livello B2 del Quadro Comune Europeo di Riferimento per le lingue, nonché alla specifica capacità didattica per l'insegnamento della lingua inglese.

L'attività deve partire dal seguente traguardo di competenza "L'alunno utilizza le conoscenze e le abilità relative al linguaggio visivo per produrre varie tipologie di testi visivi (espressivi, narrativi, rappresentativi e comunicativi) e rielaborare in modo creativo le immagini con 4 molteplici tecniche, materiali e strumenti (grafico-espressivi, pittorici e plastici, ma anche audiovisivi e multimediali).". Deve coinvolgere le seguenti discipline: arte e immagine, francese e tecnologia. Particolare attenzione verrà posta all'insegnamento dell'educazione civica.
Il candidato progetti un'attività didattica di Lingua Inglese

comprensiva delle scelte contenutistiche, didattiche, metodologiche compiute e valutative, nonché di esempi di utilizzo pratico delle tecnologie digitali.

Il candidato dovrà inoltre indicare con precisione le modalità e gli strumenti di valutazione, predisponendo eventualmente prove personalizzate, relative alle osservazioni in itinere e la valutazione finale.

La progettazione didattica deve prevedere più moduli e promuovere il raggiungimento dei seguenti obiettivi di apprendimento:
Interagire in modo comprensibile con un compagno o un adulto con cui si ha familiarità, utilizzando espressioni e frasi adatte alla situazione.
Particolare attenzione deve essere posta all'insegnamento dell'educazione civica.

I destinatari sono 18 alunni di una classe quinta della scuola primaria.
La classe è molto vivace, propositiva e inclusiva, particolarmente vivace e con relazioni non sempre positive.

Nella classe è presente un'alunna con una diagnosi di dislessia e discalculia, per la quale i docenti hanno predisposto un Piano didattico personalizzato. Ha particolari difficoltà nell'apprendimento delle lingue straniere. È presente inoltre un altro alunno con Bisogni educativi speciali, per il quale i docenti hanno predisposto un Piano didattico personalizzato, in relazione a una diagnosi di dislessia e disortografia. Ha particolari difficoltà nell'apprendimento delle lingue straniere.

Il candidato avrà a sua disposizione computer e videoproiettore per la presentazione e lo svolgimento della lezione. Il candidato illustra il progetto dell'attività didattica che ha ideato in un tempo adeguato della durata massima complessiva di 30 minuti, considerando che nel corso della presentazione la commissione interloquisce con il candidato per approfondire i diversi aspetti della progettazione, anche con riferimento ai fondamenti concettuali delle scelte pedagogicodidattiche e alla capacità di comprensione e conversazione in lingua inglese, almeno a livello B2 del Quadro Comune Europeo di Riferimento per le lingue, nonché alla specifica capacità didattica per l'insegnamento della lingua inglese.

Determinare l'area di rettangoli e triangoli e di altre figure per scomposizione o utilizzando le più comuni formule.
Particolare attenzione deve essere posta ai collegamenti con l'insegnamento della tecnologia.

I destinatari sono 18 alunni di una classe quinta della scuola primaria.

La classe è molto vivace, propositiva e inclusiva, sono ottime le relazioni interpersonali.

E' presente un alunno, per il quale i docenti hanno predisposto un Piano didattico personalizzato, in relazione alla seguente diagnosi: dislessia e discalculia. E' altresì presente un alunno, per il quale i docenti hanno predisposto un Piano educativo individualizzato, in relazione alla seguente diagnosi: Disturbo dello spettro autistico e funzionamento intellettivo limite.

Il candidato avrà a sua disposizione computer e un videoproiettore per la presentazione e lo svolgimento della lezione. Il candidato illustra il progetto dell'attività didattica che ha ideato in un tempo adeguato della durata massima complessiva di 30 minuti, considerando che nel corso della presentazione la commissione interloquisce con il candidato per approfondire i diversi aspetti della progettazione, anche con riferimento ai fondamenti concettuali delle scelte pedagogicodidattiche e alla capacità di comprensione e conversazione in lingua inglese, almeno a livello B2 del Quadro Comune Europeo di Riferimento per le lingue, nonché alla specifica capacità didattica per l'insegnamento della lingua inglese.

Scrivere semplici testi regolativi o progetti schematici per l'esecuzione di attività (ad esempio: regole di gioco, ricette, ecc.);

Osservare, utilizzare e, quando è possibile, costruire semplici strumenti di misura: recipienti per misure di volumi/capacità (bilance a molla, ecc.) imparando a servirsi di unità convenzionali.

I destinatari sono 19 alunni di una classe quarta della scuola primaria.

La classe è abbastanza tranquilla dal punto di vista del comportamento e delle relazioni e poco collaborativa nella partecipazione alle attività. Essa si presenta abbastanza variegata dal punto di vista della provenienza degli alunni, in quanto circa la metà dei bambini proviene da parti diverse dell'Europa e del mondo.

È presente un alunno con bisogni educativi speciali in relazione ad un disagio familiare, che provoca in lui demotivazione per le attività e difficoltà ad instaurare relazioni positive. Un alunno presenta un lieve disturbo da deficit di attenzione e iperattività. Per entrambi i docenti hanno predisposto un Piano didattico personalizzato.

Il candidato avrà a sua disposizione computer e un videoproiettore per la presentazione e lo svolgimento della lezione. Il candidato illustra il progetto dell'attività didattica che ha ideato in un tempo adeguato della durata massima complessiva di 30 minuti, considerando che nel corso della presentazione la commissione interloquisce con il candidato per approfondire i diversi aspetti della progettazione, anche con riferimento ai fondamenti concettuali delle scelte pedagogicodidattiche e alla capacità di comprensione e conversazione in lingua inglese, almeno a livello B2 del Quadro Comune Europeo di Riferimento per le lingue, nonché alla specifica capacità didattica per l'insegnamento della lingua inglese.

Elaborare rappresentazioni sintetiche delle società studiate, mettendo in rilievo le relazioni fra gli elementi caratterizzanti. Confrontare i quadri storici delle civiltà affrontate.

I destinatari sono 15 alunni di una classe quinta della scuola primaria situata in un contesto ricco di offerte culturali legate al patrimonio locale.
La classe è abbastanza omogenea, ma poco unita e collaborativa, caratterizzata da qualche problematica relazionale nel gruppo più numeroso dei maschi.

E' presente un alunno con diagnosi di Disturbo dello spettro autistico ad alto funzionamento. Ha ottime risorse cognitive, ma interessi rigidi e stereotipati e ottime abilità in lingua inglese. I docenti hanno predisposto un Piano educativo individualizzato.

Il candidato avrà a sua disposizione computer e un videoproiettore per la presentazione e lo svolgimento della lezione. Il candidato illustra il progetto dell'attività didattica che ha ideato in un tempo adeguato della durata massima complessiva di 30 minuti, considerando che nel corso della presentazione la commissione interloquisce con il candidato per approfondire i diversi aspetti della progettazione, anche con riferimento ai fondamenti concettuali delle scelte pedagogicodidattiche e alla capacità di comprensione e conversazione in lingua inglese, almeno a livello B2 del Quadro Comune Europeo di Riferimento per le lingue, nonché alla specifica capacità didattica per l'insegnamento della lingua inglese.

Traccia 11

Il candidato progetti un'attività didattica di Geografia comprensiva delle scelte contenutistiche, didattiche, metodologiche compiute e valutative, nonché di esempi di utilizzo pratico delle tecnologie digitali.

Il candidato dovrà inoltre indicare con precisione le modalità e gli strumenti di valutazione, predisponendo eventualmente prove personalizzate, relative alle osservazioni in itinere e la valutazione finale.

La progettazione didattica deve prevedere più moduli e promuovere il raggiungimento dei seguenti obiettivi di apprendimento:
Comprendere che il territorio è uno spazio

organizzato e modificato dalle attività umane.

Particolare attenzione deve essere posta all'insegnamento dell'educazione civica e ai collegamenti interdisciplinari con le seguenti discipline: tecnologia e storia.

I destinatari sono 23 alunni di una classe seconda della scuola primaria. La classe si presenta molto variegata dal punto di vista della provenienza dei bambini. È presente un alunno con Bisogni educativi speciali, per il quale i docenti hanno predisposto un Piano didattico personalizzato, in relazione ad un ritardo mentale lieve in via di attestazione.

Il candidato avrà a sua disposizione computer e un videoproiettore per la presentazione e lo svolgimento della lezione. Il candidato illustra il progetto dell'attività didattica che ha ideato in un tempo adeguato della durata massima complessiva di 30 minuti, considerando che nel corso della presentazione la commissione interloquisce con il candidato per approfondire i diversi aspetti della progettazione, anche con riferimento ai fondamenti concettuali delle scelte pedagogicodidattiche e alla capacità di comprensione e conversazione in lingua inglese, almeno a livello B2 del Quadro Comune Europeo di Riferimento per le lingue, nonché alla specifica capacità didattica per l'insegnamento della lingua inglese.

Traccia 12Il candidato dovrà indicare con precisione le modalità e gli strumenti di valutazione. Dovrà altresì predisporre un compito di realtà, illustrando i traguardi disciplinari e/o trasversali correlati, gli obiettivi di apprendimento disciplinari, la consegna operativa per gli alunni, le modalità e i tempi di somministrazione della prova, i materiali necessari, gli adattamenti per allievi con BES.

Il candidato progetti un'attività didattica interdisciplinare, comprensiva delle scelte contenutistiche, didattiche, metodologiche compiute e valutative, nonché di esempi di utilizzo pratico delle tecnologie digitali.

L'attività deve partire dal seguente traguardo di competenza "Scrive testi coerenti, corretti dal punto di vista sintattico e ortografico, utilizzando la struttura delle diverse tipologie testuali". Deve coinvolgere le seguenti discipline: arte e immagine, tecnologia e italiano.

Il candidato dovrà indicare con precisione le modalità e gli strumenti di valutazione. Dovrà altresì predisporre un compito di realtà, illustrando i traguardi disciplinari e/o trasversali correlati, gli obiettivi di apprendimento disciplinari, la consegna operativa per gli alunni, le modalità e i tempi di somministrazione della prova, i materiali necessari, gli adattamenti per allievi con BES.

I destinatari sono 14 alunni di una pluriclasse prima e seconda della scuola primaria situata in un contesto di montagna.

La classe è caratterizzata da notevole eterogeneità e complessità, ma è molto inclusiva.

E' presente un alunno, iscritto alla classe seconda, per il quale i docenti hanno predisposto un Piano educativo individualizzato, in quanto presenta la Sindrome di Asperger. Frequenta la scuola in Italia da pochi mesi, possiede competenze minime in lingua italiana. Ha elevate capacità cognitive.

Il candidato avrà a sua disposizione computer e videoproiettore per la presentazione e lo svolgimento della lezione. Il candidato illustra il progetto dell'attività didattica che ha ideato in un tempo adeguato della durata massima complessiva di 30 minuti, considerando che nel corso della presentazione la commissione interloquisce con il candidato per approfondire i diversi aspetti della progettazione, anche con riferimento ai fondamenti concettuali delle scelte pedagogicodidattiche e alla capacità di comprensione e conversazione in lingua inglese, almeno a livello B2 del Quadro Comune Europeo di Riferimento per le lingue, nonché alla specifica capacità didattica per l'insegnamento della lingua inglese.

I destinatari sono 18 alunni di una classe prima della scuola primaria situata in un contesto ricco di offerte culturali legate al patrimonio locale.

La classe è molto vivace, propositiva e inclusiva. Si presenta abbastanza variegata dal punto di vista della provenienza dei bambini.

E' presente un alunno, per il quale i docenti hanno elaborato un Piano educativo individualizzato, in relazione alla seguente diagnosi: Ritardo globale di sviluppo di grado medio. E' iscritto inoltre alla classe un alunno non italofono, appena arrivato dal Marocco, che non conosce la lingua italiana. Ha invece buone abilità a livello orale in lingua francese. Gli insegnanti hanno predisposto un Piano didattico personalizzato.

Il candidato avrà a sua disposizione computer e videoproiettore per la presentazione e lo svolgimento della lezione. Il candidato illustra il progetto dell'attività didattica che ha ideato in un tempo adeguato della durata massima complessiva di 30 minuti, considerando che nel corso della presentazione la commissione interloquisce con il candidato per approfondire i diversi aspetti della progettazione, anche con riferimento ai fondamenti concettuali delle scelte pedagogicodidattiche e alla capacità di comprensione e conversazione in lingua inglese, almeno a livello B2 del Quadro Comune Europeo di Riferimento per le lingue, nonché alla specifica capacità didattica per l'insegnamento della lingua inglese.

Il candidato progetti un'attività didattica di Lingua Francese e arte e immagine, comprensiva delle scelte contenutistiche, didattiche, metodologiche compiute e valutative, nonché di esempi di utilizzo pratico delle tecnologie digitali. Il candidato dovrà inoltre indicare con precisione le modalità e gli strumenti di valutazione, predisponendo eventualmente prove personalizzate, relative alle osservazioni in itinere e la valutazione finale.

La progettazione didattica deve prevedere più moduli e promuovere il raggiungimento dei seguenti obiettivi di apprendimento:

Maîtriser la lecture de décodage dans sa modalité et de lecture à voix haute, et de lecture silencieuse. Lire des textes (narratifs, descriptifs, informatifs), en comprenant l'argument dont on parle et en identifiant les informations principales et leurs relations.
Elaborare creativamente produzioni personali e autentiche per esprimere sensazioni ed emozioni; rappresentare e comunicare la realtà percepita.

I destinatari sono 15 alunni di una classe seconda di una scuola primaria situata in un contesto di montagna.
La classe è alquanto unita e abbastanza partecipe alle attività.
Nella classe è presente un alunno per il quale è stato predisposto un Piano educativo individualizzato con una diagnosi di disturbo generalizzato dello sviluppo, con discrete potenzialità

cognitive e sostenuto da una rete sociale e familiare collaborativa. È presente inoltre un altro alunno con Bisogni educativi speciali, proveniente dal Marocco, inserito di recente nella classe per il quale è in atto un lavoro di recupero linguistico.

Il candidato avrà a sua disposizione computer e un videoproiettore per la presentazione e lo svolgimento della lezione. Il candidato illustra il progetto dell'attività didattica che ha ideato in un tempo adeguato della durata massima complessiva di 30 minuti, considerando che nel corso della presentazione la commissione interloquisce con il candidato per approfondire i diversi aspetti della progettazione, anche con riferimento ai fondamenti concettuali delle scelte pedagogicodidattiche e alla capacità di comprensione e conversazione in lingua inglese, almeno a livello B2 del Quadro Comune Europeo di Riferimento per le lingue, nonché alla specifica capacità didattica per l'insegnamento della lingua inglese.

TRACCIA N. 13

Il candidato progetti un'attività didattica interdisciplinare, comprensiva delle scelte contenutistiche, didattiche, metodologiche compiute e valutative, nonché di esempi di utilizzo pratico delle tecnologie digitali.

L'attività deve partire dal seguente traguardo di competenza

"Produce semplici modelli o rappresentazioni grafiche del proprio operato utilizzando elementi del disegno tecnico o strumenti multimediali". Deve coinvolgere le seguenti discipline: tecnologia, arte e immagine, italiano.

Il candidato dovrà indicare con precisione le modalità e gli strumenti di valutazione. Dovrà altresì predisporre un compito di realtà, illustrando i traguardi disciplinari e/o trasversali correlati, gli obiettivi di apprendimento disciplinari, la consegna operativa per gli alunni, le modalità e i tempi di somministrazione della prova, i materiali necessari, gli adattamenti per allievi con BES.

I destinatari sono 19 alunni di una classe seconda della scuola primaria.

La classe è molto eterogenea, vivace, ma propositiva e inclusiva. Si presenta abbastanza variegata dal punto di vista della provenienza dei bambini. E' presente un alunno, per il quale i docenti hanno elaborato un Piano educativo individualizzato, in relazione alla seguente diagnosi: Sindrome da alterazione globale dello sviluppo. Lo sviluppo motorio è rallentato, con goffaggine. Ha notevoli difficoltà nelle autonomie.

Il candidato avrà a sua disposizione computer e videoproiettore per la presentazione e lo svolgimento della lezione. Il candidato illustra il progetto dell'attività didattica che ha ideato in un tempo adeguato della durata massima complessiva di 30 minuti, considerando che nel corso della presentazione la commissione interloquisce con il candidato per approfondire i diversi aspetti della progettazione, anche con riferimento ai fondamenti concettuali delle scelte pedagogicodidattiche e alla capacità di comprensione e conversazione in lingua inglese, almeno a livello B2 del Quadro Comune Europeo di Riferimento per le lingue, nonché alla specifica capacità didattica per l'insegnamento della lingua inglese.

Il candidato progetti un'attività didattica di Lingua Inglese comprensiva delle scelte contenutistiche, didattiche, metodologiche compiute e valutative, nonché di esempi di utilizzo pratico delle tecnologie digitali.

Il candidato dovrà inoltre indicare con precisione le modalità e gli strumenti di valutazione, predisponendo eventualmente prove personalizzate, relative alle osservazioni in itinere e la valutazione finale.

La progettazione didattica deve prevedere più moduli e promuovere il raggiungimento dei seguenti obiettivi di apprendimento:
Scrivere in forma comprensibile messaggi semplici e brevi per presentarsi, per fare gli auguri, per ringraziare o invitare qualcuno, per chiedere o dare notizie, ecc.

Particolare attenzione deve essere posta all'insegnamento dell'educazione civica e ai collegamenti interdisciplinari con le seguenti discipline: tecnologia e arte e immagine.

I destinatari sono 18 alunni di una classe quinta della scuola primaria. La classe è molto vivace, propositiva e inclusiva.

Sono presenti due alunni per i quali i docenti hanno elaborato un Piano didattico personalizzato, in relazione alle seguenti diagnosi:

1. Disturbo oppositivo provocatorio; lieve disturbo dell'attività e dell'attenzione;
2. Dislessia e disortografia. Le difficoltà negli apprendimenti delle lingue straniere sono notevoli.

Il candidato avrà a sua disposizione computer e videoproiettore per la presentazione e lo svolgimento della lezione. Il candidato illustra il progetto dell'attività didattica che ha ideato in un tempo adeguato della durata massima complessiva di 30 minuti, considerando che nel corso della presentazione la commissione interloquisce con il candidato per approfondire i diversi aspetti della progettazione, anche con riferimento ai fondamenti concettuali delle scelte pedagogicodidattiche e alla capacità di comprensione e conversazione in lingua inglese, almeno a livello B2 del Quadro Comune Europeo di Riferimento per le lingue, nonché alla specifica capacità didattica per l'insegnamento della lingua inglese.

Il candidato progetti un'attività didattica di Storia comprensiva delle scelte contenutistiche, didattiche, metodologiche compiute e valutative, nonché di esempi di utilizzo pratico delle tecnologie digitali.

Il candidato dovrà inoltre indicare con precisione le modalità e gli strumenti di valutazione, predisponendo eventualmente prove personalizzate, relative alle osservazioni in itinere e la valutazione finale.

La progettazione didattica deve prevedere più moduli e promuovere il raggiungimento dei seguenti obiettivi di apprendimento:
Rappresentare graficamente e verbalmente le attività, i fatti vissuti e narrati

Particolare attenzione deve essere posta all'insegnamento dell'educazione civica e ai collegamenti interdisciplinari con le seguenti discipline: arte e immagine, tecnologia e lingua francese.

I destinatari sono 18 alunni di una classe seconda della scuola primaria situata in un contesto ricco di offerte culturali legate al patrimonio locale.
La classe è nel complesso tranquilla e ha relazioni positive. Nella

classe è stato inserito in corso d'anno un alunno proveniente dalla Somalia senza alcuna conoscenza della lingua italiana ed una conseguente difficoltà di inserimento nel gruppo. L'alunno è seguito da una mediatrice culturale per un numero pari a 6 ore settimanali. I docenti hanno predisposto un Piano didattico personalizzato.

Il candidato avrà a sua disposizione computer e videoproiettore per la presentazione e lo svolgimento della lezione. Il candidato illustra il progetto dell'attività didattica che ha ideato in un tempo adeguato della durata massima complessiva di 30 minuti, considerando che nel corso della presentazione la commissione interloquisce con il candidato per approfondire i diversi aspetti della progettazione, anche con riferimento ai fondamenti concettuali delle scelte pedagogicodidattiche e alla capacità di comprensione e conversazione in lingua inglese, almeno a livello B2 del Quadro Comune Europeo di Riferimento per le lingue, nonché alla specifica capacità didattica per l'insegnamento della lingua inglese.

Il/la candidato/a formuli un progetto di attività didattica inerente elaborazioni grafico-pittoriche e/o manipolazione di materiali vari, nell'ambito del campo esperienza "Immagini, suoni, colori".
Il candidato progetti un'attività didattica di Lingua italiana, comprensiva delle scelte contenutistiche, didattiche, metodologiche compiute e valutative, nonché di esempi di utilizzo pratico delle tecnologie digitali.

Il candidato dovrà inoltre indicare con precisione le modalità e gli strumenti di valutazione, predisponendo eventualmente prove personalizzate, relative alle osservazioni in itinere e la valutazione finale.

La progettazione didattica deve prevedere più moduli e promuovere il raggiungimento dei seguenti obiettivi di apprendimento:
Comprendere ed utilizzare in modo appropriato il lessico di base (parole del vocabolario fondamentale e di quello ad alto uso).
Realizzare testi collettivi per relazionare su esperienze scolastiche e argomenti di studio.

I destinatari sono 19 alunni di una classe quinta della scuola primaria gemellata con una scuola francese con cui porta avanti un progetto sull'Europa e la Comunità europea.
La classe è poco unita e collaborativa, caratterizzata da forte competitività per la presenza di diversi bambini con notevoli capacità che desiderano primeggiare. Essa si presenta abbastanza variegata dal punto di vista della provenienza dei bambini. Nella classe è presente un alunno per il quale è stato predisposto un piano educativo individualizzato, con una diagnosi di disturbo dello spettro autistico, con una lieve compromissione del linguaggio ed

una importante fragilità nelle abilità sociali, molto ben inserito e protetto dalla classe.

È presente inoltre un altro alunno con Bisogni educativi speciali per il quale i docenti hanno predisposto un Piano didattico personalizzato, in relazione ad un disturbo dell'attenzione di grado lieve.

Il candidato avrà a sua disposizione computer e un videoproiettore per la presentazione e lo svolgimento della lezione. Il candidato illustra il progetto dell'attività didattica che ha ideato in un tempo adeguato della durata massima complessiva di 30 minuti, considerando che nel corso della presentazione la commissione interloquisce con il candidato per approfondire i diversi aspetti della progettazione, anche con riferimento ai fondamenti concettuali delle scelte pedagogicodidattiche e alla capacità di comprensione e conversazione in lingua inglese, almeno a livello B2 del Quadro Comune Europeo di Riferimento per le lingue, nonché alla specifica capacità didattica per l'insegnamento della lingua inglese.

Il candidato dovrà inoltre indicare con precisione le modalità e gli strumenti di valutazione, predisponendo eventualmente prove personalizzate, relative alle osservazioni in itinere e la valutazione finale.

La progettazione didattica deve prevedere più moduli e promuovere il raggiungimento dei seguenti obiettivi di apprendimento:

Classificare numeri, figure, oggetti in base a una o più proprietà, utilizzando rappresentazioni opportune, a seconda dei contesti e dei fini.

Particolare attenzione deve essere posta ai collegamenti con l'insegnamento della tecnologia.

I destinatari sono 13 alunni di una pluriclasse secondAterza della scuola primaria situata in un contesto di montagna.

La classe è nel complesso vivace, ma molto propositiva e con buone relazioni.

Nella classe, è presente un'alunna con un Piano Educativo Individualizzato, con una diagnosi di disturbo dello spettro autistico, disturbo dell'attenzione di grado severo. Mette spesso in atto comportamenti disfunzionali, che talvolta destabilizzano la classe.

Traccia 10

Il candidato progetti un'attività didattica di Geografia comprensiva delle scelte contenutistiche, didattiche, metodologiche compiute e valutative, nonché di esempi di utilizzo pratico delle tecnologie digitali.

Il candidato dovrà inoltre indicare con precisione le modalità e gli strumenti di valutazione, predisponendo eventualmente prove personalizzate, relative alle osservazioni in itinere e la valutazione finale.

La progettazione didattica deve prevedere più moduli e promuovere il raggiungimento dei seguenti obiettivi di apprendimento:
Comprendere che il territorio è uno spazio organizzato e modificato dalle attività umane.

Particolare attenzione deve essere posta all'insegnamento dell'educazione civica e ai collegamenti interdisciplinari con le seguenti discipline: tecnologia e storia.

I destinatari sono 11 alunni di una pluriclasse secondAterza della scuola primaria di un piccolo centro.
La classe è abbastanza vivace, sia dal punto di vista del comportamento e delle relazioni, sia dal punto di vista della partecipazione alle attività.
Sono presenti due alunni per i quali i docenti hanno predisposto un Piano didattico personalizzato in relazione a un disturbo specifico del linguaggio (alunno iscritto in classe terza) e un Piano educativo individualizzato in relazione a un Disturbo evolutivo delle abilità scolastiche non specificato e a un livello intellettivo borderline (alunno iscritto in classe seconda).

Il candidato avrà a sua disposizione computer e videoproiettore per la presentazione e lo svolgimento della lezione. Il candidato illustra il progetto dell'attività didattica che ha ideato in un tempo adeguato della durata massima complessiva di 30 minuti, considerando che nel corso della presentazione la commissione interloquisce con il candidato per approfondire i diversi aspetti della progettazione, anche con riferimento ai fondamenti concettuali delle scelte pedagogicodidattiche e alla capacità di comprensione e conversazione in lingua inglese, almeno a livello B2 del Quadro Comune Europeo di Riferimento per le lingue, nonché alla specifica capacità didattica per l'insegnamento della lingua inglese.

Traccia 11 L'attività è rivolta a un gruppo trasversale di bambini tra i 3 e i 5 anni, in cui un'allieva, di 5 anni, ha una diagnosi di Sindrome di Williams, con disabilità intellettiva lieve e buone capacità di linguaggio verbale; sono presenti tuttavia difficoltà nelle attività di rappresentazione spaziale e grafico-pittoriche. La bambina, che ha un buon rapporto con i compagni, anche se raramente prende l'iniziativa nella relazione, tende ad utilizzare il linguaggio e soprattutto la narrazione come modalità per nascondere le sue difficoltà. Le risulta infatti difficile usare gli oggetti in modo finalizzato, automatizzare gesti della vita quotidiana, mentre le attività grafiche, pittoriche ed espressive in genere la preoccupano e le creano a volte crisi di rabbia e di evitamento. Si abbia cura di tenere in considerazione le due prospettive pedagogiche dei bisogni individuali e dell'inclusione.

Il candidato progetti un'attività didattica interdisciplinare, comprensiva delle scelte contenutistiche, didattiche, metodologiche compiute e valutative, nonché di esempi di utilizzo pratico delle tecnologie digitali.

L'attività deve partire dal seguente traguardo di competenza "Esegue, da solo e in gruppo, semplici brani vocali o strumentali, appartenenti a generi e culture differenti, utilizzando anche strumenti didattici e auto-costruiti". Deve coinvolgere le seguenti discipline: musica, inglese e tecnologia. Particolare attenzione verrà posta all'insegnamento dell'educazione civica.

Il candidato dovrà indicare con precisione le modalità e gli strumenti di valutazione. Dovrà altresì predisporre un compito di realtà, illustrando i traguardi disciplinari e/o trasversali correlati, gli obiettivi di apprendimento disciplinari, la consegna operativa per gli alunni, le modalità e i tempi di somministrazione della prova, i materiali necessari, gli adattamenti per allievi con BES.

I destinatari sono 18 alunni di una classe seconda della scuola primaria in un quartiere ad alto rischio di dispersione scolastica. La classe è molto vivace, propositiva, ma spesso le relazioni sono conflittuali e difficili da gestire. Si presenta abbastanza variegata dal punto di vista della provenienza dei bambini.

Sono presenti due alunni per i quali i docenti hanno elaborato un Piano educativo individualizzato, in relazione alle seguenti diagnosi:

1. Disturbo del linguaggio e disturbo dell'apprendimento;
2. Sindrome di Asperger. L'alunno ha ottime risorse cognitive, ma presenta notevoli difficoltà a interagire con i compagni e con gli insegnanti.

Il candidato avrà a sua disposizione computer e videoproiettore per la presentazione e lo svolgimento della lezione. Il candidato illustra il progetto dell'attività didattica che ha ideato in un tempo adeguato della durata massima complessiva di 30 minuti, considerando che nel corso della presentazione la commissione interloquisce con il candidato per approfondire i diversi aspetti della progettazione, anche con riferimento ai fondamenti concettuali delle scelte pedagogicodidattiche e alla capacità di comprensione e conversazione in lingua inglese, almeno a livello B2 del Quadro Comune Europeo di Riferimento per le lingue, nonché alla specifica capacità didattica per l'insegnamento della lingua inglese.

Il/la candidato/a avrà a sua disposizione una postazione con LIM e videoproiettore per la presentazione e lo svolgimento della lezione. La durata massima della lezione è di 30 minuti, comprensiva della parte volta a valutare l'abilità di comprensione scritta (lettura) e di produzione orale (parlato) in lingua inglese, almeno al livello B2 del Quadro Comune Europeo di Riferimento per le lingue.

TRACCIA N. 14

Il/la candidato/a formuli un progetto di attività didattica trasversale campi di esperienza "Il sé e l'altro" e "I discorsi e le parole".

L'attività è rivolta a un piccolo gruppo, di cui il/la candidato/a dovrà indicare le caratteristiche, in cui un'allieva di 5 anni presenta una diagnosi di cecità. La bambina è in grado di orientarsi e di spostarsi in ambienti noti, e si esprime verbalmente senza alcuna difficoltà. Ha iniziato ad intraprendere la conoscenza del Braille, tramite appositi materiali didattici. È tuttavia piuttosto ritrosa e timida, e non si coinvolge facilmente con i compagni, preferendo il rapporto con l'adulto e attività a tavolino. I compagni sono interessati a lei e alle specifiche attività che svolge per avviare l'apprendimento della letto-scrittura.
Si abbia cura di tenere in considerazione le due prospettive pedagogiche dei bisogni individuali e dell'inclusione.

Il/la candidato/a avrà a sua disposizione una postazione con LIM e videoproiettore per la presentazione e lo svolgimento della lezione. La durata massima della lezione è di 30 minuti, comprensiva della parte volta a valutare l'abilità di comprensione scritta (lettura) e di produzione orale (parlato) in lingua inglese, almeno al livello B2 del Quadro Comune Europeo di Riferimento per le lingue.

TRACCIA N. 17

Il/la candidato/a formuli un progetto di attività didattica finalizzato all'utilizzo e/o all'invenzione di fiabe e racconti nell'ambito del campo di esperienza "I discorsi e le parole".

L'attività è rivolta a un gruppo eterogeneo, trasversale dai 3 ai 5 anni, di cui un allievo, di 5 anni, con diagnosi di paralisi cerebrale infantile (emiparesi sinistra), accompagnata da difficoltà di

linguaggio, sul piano lessicale e sintattico, nonché da disabilità intellettiva medio-lieve. Il bambino utilizza un deambulatore per gli spostamenti all'interno degli spazi della scuola, e si mostra come molto socievole ma molto svagato, e poco interessato alle proposte didattiche che richiedono concentrazione e comprensione.
Si abbia cura di tenere in considerazione le due prospettive pedagogiche dei bisogni individuali e dell'inclusione.

Il/la candidato/a avrà a sua disposizione una postazione con LIM e videoproiettore per la presentazione e lo svolgimento della lezione. La durata massima della lezione è di 30 minuti, comprensiva della parte volta a valutare l'abilità di comprensione scritta (lettura) e di produzione orale (parlato) in lingua inglese, almeno al livello B2 del Quadro Comune Europeo di Riferimento per le lingue.

Traccia n. 17

Il/la candidato/a formuli un progetto di attività didattica finalizzato allo sviluppo della capacità di ascolto di brevi racconti, nell'ambito del campo di esperienza "I discorsi e le parole". Consideri che l'attività è rivolta a un gruppo di alunni/e di 4 anni, di cui uno con problemi comportamentali.

Il/la candidato/a avrà a sua disposizione una postazione con LIM e videoproiettore per la presentazione e lo svolgimento della lezione. La durata massima della lezione è di 30 minuti, comprensiva della parte volta a valutare l'abilità di comprensione scritta (lettura) e di produzione orale (parlato) in lingua inglese, almeno al livello B2 del Quadro Comune Europeo di Riferimento per le lingue.

Traccia n. 131

Il/la candidato/a formuli un progetto di attività didattica finalizzata a fare acquisire a ogni alunno/a la capacità di sostenere la propria opinione con semplici argomentazioni, nell'ambito del campo di esperienza "Il sé e l'altro". Consideri che l'attività è rivolta a un gruppo di alunni/e di 5 anni, di cui una con svantaggio socio-culturale.

Il/la candidato/a avrà a sua disposizione una postazione con LIM e videoproiettore
per la presentazione e lo svolgimento della lezione. La durata massima della lezione è di 30 minuti, comprensiva della parte volta a valutare l'abilità di comprensione scritta (lettura) e di produzione orale (parlato) in lingua inglese, almeno al livello B2 del Quadro Comune Europeo di Riferimento per le lingue.

Traccia n. 23

Il/la candidato/a formuli un progetto di attività didattica finalizzato alla capacità di individuare parole in rima, nell'ambito del campo di esperienza "I discorsi e le parole". Consideri che l'attività è rivolta a un gruppo di alunni/e di 5 anni, di cui una con problemi di coordinamento oculo-manuale.

Il/la candidato/a formuli un progetto di attività didattica finalizzato all'arricchimento del lessico, in relazione all'espressione di emozioni, nell'ambito del campo di esperienza "I discorsi e le parole". Consideri che l'attività è rivolta a un gruppo di alunni/e di età compresa tra i 3 e i 5 anni, di cui uno con svantaggio socio-culturale.

Il/la candidato/a avrà a sua disposizione una postazione con LIM e videoproiettore
per la presentazione e lo svolgimento della lezione. La durata massima della lezione è di 30 minuti, comprensiva della parte volta a valutare l'abilità di comprensione scritta (lettura) e di produzione orale (parlato) in lingua inglese, almeno al livello B2 del Quadro Comune Europeo di Riferimento per le lingue.

Traccia n. 133

Il/la candidato/a formuli un progetto di attività didattica finalizzato a far familiarizzare i bambini con l'esperienza della multimedialità, nell'ambito del campo di esperienza "Immagini, suoni, colori". Consideri che l'attività è rivolta a un gruppo di alunni/e di 4/5 anni, di cui uno con problemi comportamentali.

Il/la candidato/a avrà a sua disposizione una postazione con LIM e videoproiettore

per la presentazione e lo svolgimento della lezione. La durata massima della lezione è di 30 minuti, comprensiva della parte volta a valutare l'abilità di comprensione scritta (lettura) e di produzione orale (parlato) in lingua inglese, almeno al livello B2 del Quadro Comune Europeo di Riferimento per le lingue.

Traccia n. 57

Il/la candidato/a formuli un progetto di attività didattica finalizzata alla creazione di semplici elaborati grafici con l'utilizzo di materiali di recupero, nell'ambito del campo di esperienza "Immagini, suoni, colori". Consideri che l'attività è rivolta a un gruppo di alunni/e di età compresa tra i 3 e i 5 anni, di cui una con disturbo di attenzione.

Il/la candidato/a avrà a sua disposizione una postazione con LIM e videoproiettore
per la presentazione e lo svolgimento della lezione. La durata massima della lezione è di 30 minuti, comprensiva della parte volta a valutare l'abilità di comprensione scritta (lettura) e di produzione orale (parlato) in lingua inglese, almeno al livello B2 del Quadro Comune Europeo di Riferimento per le lingue.

Traccia n. 56

Il/la candidato/a formuli un progetto di attività didattica finalizzato allo sviluppo della capacità di orientarsi nello spazio, nell'ambito del campo di esperienza "Il corpo e il movimento". Consideri che l'attività è rivolta a un gruppo di alunni/e di 4 anni, di cui una con svantaggio socio-culturale.

Il/la candidato/a formuli un progetto di attività didattica per apprendere a eseguire un percorso sulla base di indicazioni verbali, nell'ambito del campo di esperienza "La conoscenza del mondo". Consideri che l'attività è rivolta a un gruppo di alunni/e di età compresa tra i 3 e i 5 anni, di cui uno con disturbo di attenzione.

Il/la candidato/a avrà a sua disposizione una postazione con LIM e videoproiettore
per la presentazione e lo svolgimento della lezione. La durata massima della lezione è di 30 minuti, comprensiva della parte volta a valutare l'abilità di comprensione scritta (lettura) e di produzione orale (parlato) in lingua inglese, almeno al livello B2 del Quadro Comune Europeo di Riferimento per le lingue.

Traccia n. 67

Il/la candidato/a formuli un progetto di attività didattica finalizzata alla realizzazione di elaborati con la tecnica del mosaico a strappo, nell'ambito del campo di esperienza "Immagini, suoni, colori". Consideri che l'attività è rivolta a un gruppo di alunni/e di 4 anni, di cui uno con svantaggio socio-culturale.

Il/la candidato/a avrà a sua disposizione una postazione con LIM e videoproiettore
per la presentazione e lo svolgimento della lezione. La

durata massima della lezione è di 30 minuti, comprensiva della parte volta a valutare l'abilità di comprensione scritta (lettura) e di produzione orale (parlato) in lingua inglese, almeno al livello B2 del Quadro Comune Europeo di Riferimento per le lingue.

Traccia n. 20

Il/la candidato/a formuli un progetto di attività didattica finalizzato a fare scoprire le tradizioni del proprio ambiente familiare, nell'ambito del campo di esperienza "Il sé e l'altro". Consideri che l'attività è rivolta a un gruppo di alunni/e di età compresa fra i 3 e i 5 anni di cui una con disturbo di attenzione.

Il/la candidato/a avrà a sua disposizione una postazione con LIM e videoproiettore
per la presentazione e lo svolgimento della lezione. La durata massima della lezione è di 30 minuti, comprensiva della parte volta a valutare l'abilità di comprensione scritta (lettura) e di produzione orale (parlato) in lingua inglese, almeno al livello B2 del Quadro Comune Europeo di Riferimento per le lingue.

Traccia n. 125

Il/la candidato/a formuli un progetto di attività didattica per apprendere a realizzare semplici misurazioni con materiali non strutturati, nell'ambito del campo di esperienza "La conoscenza del mondo". Consideri che l'attività è rivolta a un gruppo di alunni/e di 5 anni, di cui uno con problemi di linguaggio.

Il/la candidato/a formuli un progetto di attività didattica finalizzato alla capacità di fare ipotesi su eventi che potrebbero verificarsi in un futuro prossimo, nell'ambito del campo di esperienza "La conoscenza del mondo". Consideri che l'attività è rivolta a un gruppo di alunni/e di 5 anni, di cui uno con problemi comportamentali.

Il/la candidato/a avrà a sua disposizione una postazione con LIM e videoproiettore
per la presentazione e lo svolgimento della lezione. La durata massima della lezione è di 30 minuti, comprensiva della parte volta a valutare l'abilità di comprensione scritta (lettura) e di produzione orale (parlato) in lingua inglese, almeno al livello B2 del Quadro Comune Europeo di Riferimento per le lingue.

Traccia n. 59

Il/la candidato/a formuli un progetto di attività didattica finalizzato ad avviare i bambini al raggruppamento di oggetti e materiali secondo criteri diversi, nell'ambito del campo di esperienza "La conoscenza del mondo". Consideri che l'attività è rivolta a un gruppo di alunni/e di 3/4 anni, di cui uno con svantaggio socio-culturale.

Il/la candidato/a avrà a sua disposizione una postazione con LIM e videoproiettore
per la presentazione e lo svolgimento della lezione. La

durata massima della lezione è di 30 minuti, comprensiva della parte volta a valutare l'abilità di comprensione scritta (lettura) e di produzione orale (parlato) in lingua inglese, almeno al livello B2 del Quadro Comune Europeo di Riferimento per le lingue.

Traccia n. 97

Il/la candidato/a formuli un progetto di attività didattica finalizzato a coltivare il piacere della fruizione di repertori musicali appartenenti a vari generi, nell'ambito del campo di esperienza "Immagini, suoni, colori". Consideri che l'attività è rivolta a un gruppo di alunni/e di 5 anni, di cui una con disturbo di attenzione.

Il/la candidato/a avrà a sua disposizione una postazione con LIM e videoproiettore
per la presentazione e lo svolgimento della lezione. La durata massima della lezione è di 30 minuti, comprensiva della parte volta a valutare l'abilità di comprensione scritta (lettura) e di produzione orale (parlato) in lingua inglese, almeno al livello B2 del Quadro Comune Europeo di Riferimento per le lingue.

Traccia n. 58

Il/la candidato/a formuli un progetto di attività didattica finalizzato all'arricchimento del lessico, in relazione a caratteristiche e funzioni del senso dell'udito, nell'ambito del campo di esperienza "I discorsi e le parole". Consideri che l'attività è rivolta a un gruppo di alunni/e di 5 anni, di cui uno con svantaggio socio-culturale.

Il/la candidato/a formuli un progetto di attività didattica finalizzato sviluppare interesse per l'ascolto di diversi generi di musica, nell'ambito del campo di esperienza "Immagini, suoni, colori". Consideri che l'attività è rivolta a un gruppo di alunni/e di 5 anni, di cui una con svantaggio socio-culturale.

Il/la candidato/a avrà a sua disposizione una postazione con LIM e videoproiettore
per la presentazione e lo svolgimento della lezione. La durata massima della lezione è di 30 minuti, comprensiva della parte volta a valutare l'abilità di comprensione scritta (lettura) e di produzione orale (parlato) in lingua inglese, almeno al livello B2 del Quadro Comune Europeo di Riferimento per le lingue.

Traccia n. 83

Il/la candidato/a formuli un progetto di attività didattica finalizzato all'arricchimento del lessico, in relazione a caratteristiche cromatiche dell'ambiente naturale in inverno, nell'ambito del campo di esperienza "I discorsi e le parole". Consideri che l'attività è rivolta a un gruppo di alunni/e di età compresa tra i 3 e i 5 anni, di cui una con svantaggio socioculturale.

Il/la candidato/a avrà a sua disposizione una postazione con LIM e videoproiettore

per la presentazione e lo svolgimento della lezione. La durata massima della lezione è di 30 minuti, comprensiva della parte volta a valutare l'abilità di comprensione scritta (lettura) e di produzione orale (parlato) in lingua inglese, almeno al livello B2 del Quadro Comune Europeo di Riferimento per le lingue.

Traccia n. 46

Il/la candidato/a formuli un progetto di attività didattica finalizzato allo sviluppo della capacità di esprimersi e comunicare attraverso il corpo, nell'ambito del campo di esperienza "Il corpo e il movimento". Consideri che l'attività è rivolta a un gruppo di alunni/e, di età compresa tra i 3 e i 5 anni, di cui uno con disturbo di attenzione.

Il/la candidato/a avrà a sua disposizione una postazione con LIM e videoproiettore

per la presentazione e lo svolgimento della lezione. La durata massima della lezione è di 30 minuti, comprensiva della parte volta a valutare l'abilità di comprensione scritta (lettura) e di produzione orale (parlato) in lingua inglese, almeno al livello B2 del Quadro Comune Europeo di Riferimento per le lingue.

Traccia n. 87

Il/la candidato/a formuli un progetto di attività didattica finalizzato alla discriminazione di suoni, nell'ambito del campo di esperienza "Immagini, suoni, colori". Consideri che

l'attività è rivolta a un gruppo di alunni/e di 4/5 anni, di cui una con svantaggio socioculturale.

Il/la candidato/a formuli un progetto di attività didattica finalizzata alla capacità di memorizzare poesie e filastrocche, nell'ambito del campo di esperienza "I discorsi e le parole". Consideri che l'attività è rivolta a un gruppo di alunni/e di 4 anni, di cui una con disturbo di attenzione.

Il/la candidato/a avrà a sua disposizione una postazione con LIM e videoproiettore
per la presentazione e lo svolgimento della lezione. La durata massima della lezione è di 30 minuti, comprensiva della parte volta a valutare l'abilità di comprensione scritta (lettura) e di produzione orale (parlato) in lingua inglese, almeno al livello B2 del Quadro Comune Europeo di Riferimento per le lingue.

Traccia n. 138

Il/la candidato/a formuli un progetto di attività didattica finalizzata alla rappresentazione di una storia con il teatro dei burattini, nell'ambito del campo di esperienza "Immagini, suoni, colori". Consideri che l'attività è rivolta a un gruppo di alunni/e di età compresa tra i 3 e i 5 anni, di cui uno con problemi di coordinamento oculo-manuale.

Il/la candidato/a avrà a sua disposizione una postazione con LIM e videoproiettore

per la presentazione e lo svolgimento della lezione. La durata massima della lezione è di 30 minuti, comprensiva della parte volta a valutare l'abilità di comprensione scritta (lettura) e di produzione orale (parlato) in lingua inglese, almeno al livello B2 del Quadro Comune Europeo di Riferimento per le lingue.

Traccia n. 109

Il/la candidato/a formuli un progetto di attività didattica finalizzato ad acquisire la capacità di riconoscere e abbinare simbolo-significato, nell'ambito del campo di esperienza "La conoscenza del mondo". Consideri che l'attività è rivolta a un gruppo di alunni/e di 4/5 anni, di cui una con problemi di coordinamento oculo- manuale.

Il/la candidato/a avrà a sua disposizione una postazione con LIM e videoproiettore
per la presentazione e lo svolgimento della lezione. La durata massima della lezione è di 30 minuti, comprensiva della parte volta a valutare l'abilità di comprensione scritta (lettura) e di produzione orale (parlato) in lingua inglese, almeno al livello B2 del Quadro Comune Europeo di Riferimento per le lingue.

Traccia n. 121

Il/la candidato/a formuli un progetto di attività didattica finalizzata all'assunzione di compiti e responsabilità nell'ambito del campo di esperienza "Il sé e l'altro". Consideri che l'attività è rivolta a un gruppo di alunni/e di età compresa fra i 3 e i 5 anni, di cui uno con disturbo di attenzione.

Il/la candidato/a formuli un progetto di attività didattica finalizzata alla creazione di punti di riferimento atti ad orientarsi nel nuovo ambiente comunitario, nell'ambito del campo di esperienza "il corpo e il movimento". Consideri che l'attività è rivolta a un gruppo di alunni/e di 3 anni, di cui una con disturbo di attenzione.

Il/la candidato/a avrà a sua disposizione una postazione con LIM e videoproiettore
per la presentazione e lo svolgimento della lezione. La durata massima della lezione è di 30 minuti, comprensiva della parte volta a valutare l'abilità di comprensione scritta (lettura) e di produzione orale (parlato) in lingua inglese, almeno al livello B2 del Quadro Comune Europeo di Riferimento per le lingue.

Traccia n. 99

Il/la candidato/a formuli un progetto di attività didattica finalizzato a scoprire i concetti di direzione e angolo, nell'ambito del campo di esperienza "La conoscenza del mondo".
Consideri che l'attività è rivolta a un gruppo di alunni/e di 5 anni, di cui una con disturbo di attenzione.

Il/la candidato/a avrà a sua disposizione una postazione con LIM e videoproiettore
per la presentazione e lo svolgimento della lezione. La

durata massima della lezione è di 30 minuti, comprensiva della parte volta a valutare l'abilità di comprensione scritta (lettura) e di produzione orale (parlato) in lingua inglese, almeno al livello B2 del Quadro Comune Europeo di Riferimento per le lingue.

Traccia n. 145

Il/la candidato/a formuli un progetto di attività didattica finalizialta alla scoperta della potenzialità espressiva della mimica facciale e corporale, nell'ambito del campo di esperienza "Il corpo e il movimento". Consideri che l'attività è rivolta a un gruppo di alunni/e di 5 anni, di cui uno con disturbi di attenzione.

Il/la candidato/a avrà a sua disposizione una postazione con LIM e videoproiettore
per la presentazione e lo svolgimento della lezione. La durata massima della lezione è di 30 minuti, comprensiva della parte volta a valutare l'abilità di comprensione scritta (lettura) e di produzione orale (parlato) in lingua inglese, almeno al livello B2 del Quadro Comune Europeo di Riferimento per le lingue.

Traccia n. 104

Il/la candidato/a formuli un progetto di attività didattica finalizzato a riconoscere le principali forme geometriche, nell'ambito del campo di esperienza "La conoscenza del mondo". Consideri che l'attività è rivolta a un gruppo di alunni/e di 3/4 anni, di cui uno con problemi di linguaggio.

Il/la candidato/a formuli un progetto di attività didattica finalizzata al riconoscimento dell'appartenenza alla comunità scolastica, nell'ambito del campo di esperienza "Il sé e l'altro". Consideri che l'attività è rivolta a un gruppo di alunni/e di 3 anni, di cui uno con disturbo di attenzione.

Il/la candidato/a avrà a sua disposizione una postazione con LIM e videoproiettore

per la presentazione e lo svolgimento della lezione. La durata massima della lezione è di 30 minuti, comprensiva della parte volta a valutare l'abilità di comprensione scritta (lettura) e di produzione orale (parlato) in lingua inglese, almeno al livello B2 del Quadro Comune Europeo di Riferimento per le lingue.

Traccia n. 9

Il/la candidato/a formuli un progetto di attività didattica finalizzato ad avviare i primi processi di astrazione, anche rappresentando con simboli semplici i risultati del loro percorso, nell'ambito del campo di esperienza "La conoscenza del mondo". Consideri che l'attività è rivolta a un gruppo di alunni/e di 5 anni, di cui una con svantaggio socioculturale. In ossequio al principio statutario della parità linguistica tra Italiano e Francese in Valle

Il/la candidato/a avrà a sua disposizione una postazione con LIM e videoproiettore

per la presentazione e lo svolgimento della lezione. La durata massima della lezione è di 30 minuti, comprensiva della parte volta a valutare l'abilità di comprensione scritta (lettura) e di produzione orale (parlato) in lingua inglese, almeno al livello B2 del Quadro Comune Europeo di Riferimento per le lingue.

Traccia n. 92

Il/la candidato/a formuli un progetto di attività didattica finalizzato a far sperimentare le possibilità sonoro-espressive di diversi materiali, nell'ambito del campo di esperienza "Immagini, suoni, colori". Consideri che l'attività è rivolta a un gruppo di alunni/e di età compresa tra i 3 e i 5 anni, di cui uno con problemi di linguaggio.

Il/la candidato/a avrà a sua disposizione una postazione con LIM e videoproiettore

per la presentazione e lo svolgimento della lezione. La durata massima della lezione è di 30 minuti, comprensiva della parte volta a valutare l'abilità di comprensione scritta (lettura) e di produzione orale (parlato) in lingua inglese, almeno al livello B2 del Quadro Comune Europeo di Riferimento per le lingue.

Traccia n. 91

Il/la candidato/a formuli un progetto di attività didattica finalizzata alla creazione, in ambito scolastico, di elementi che si connettano alla storia personale di ogni bambino/a, nell'ambito del campo di esperienza "Il sé e l'altro". Consideri che l'attività è rivolta a un gruppo di alunni/e di età compresa fra i 3 e i 5 anni, di cui una con svantaggio socio-culturale.

Il/la candidato/a formuli un progetto di attività didattica finalizzato allo sviluppo della capacità di osservazione dell'ambiente circostante, nell'ambito del campo di esperienza "Immagini, suoni, colori". Consideri che l'attività è rivolta a un gruppo di alunni/e di 4 anni, di cui una con problemi comportamentali.

Il/la candidato/a avrà a sua disposizione una postazione con LIM e videoproiettore
per la presentazione e lo svolgimento della lezione. La durata massima della lezione è di 30 minuti, comprensiva della parte volta a valutare l'abilità di comprensione scritta (lettura) e di produzione orale (parlato) in lingua inglese, almeno al livello B2 del Quadro Comune Europeo di Riferimento per le lingue.

Traccia n. 13

Il/la candidato/a formuli un progetto di attività didattica finalizzato alla capacità di raccontare avvenimenti del proprio vissuto personale, nell'ambito del campo di esperienza "I discorsi e le parole". Consideri che l'attività è rivolta a un gruppo di alunni/e di 4/5 anni, di cui una con disturbo di attenzione.

Il/la candidato/a avrà a sua disposizione una postazione con LIM e videoproiettore
per la presentazione e lo svolgimento della lezione. La

durata massima della lezione è di 30 minuti, comprensiva della parte volta a valutare l'abilità di comprensione scritta (lettura) e di produzione orale (parlato) in lingua inglese, almeno al livello B2 del Quadro Comune Europeo di Riferimento per le lingue.

Traccia n. 14

Il/la candidato/a formuli un progetto di attività didattica finalizzato a individuare qualità e proprietà di oggetti e materiali, nell'ambito del campo di esperienza "La conoscenza del mondo". Consideri che l'attività è rivolta a un gruppo di alunni/e di 4/5 anni, di cui una con disturbo di attenzione.

Il/la candidato/a avrà a sua disposizione una postazione con LIM e videoproiettore
per la presentazione e lo svolgimento della lezione. La durata massima della lezione è di 30 minuti, comprensiva della parte volta a valutare l'abilità di comprensione scritta (lettura) e di produzione orale (parlato) in lingua inglese, almeno al livello B2 del Quadro Comune Europeo di Riferimento per le lingue.

Traccia n. 136

Il/la candidato/a formuli un progetto di attività didattica finalizzata alla sperimentazione di schemi posturali e motori, con l'ausilio di piccoli attrezzi, nell'ambito del campo di esperienza "Il corpo e il movimento". Consideri che l'attività è rivolta a un gruppo di alunni/e di 5 anni, di cui una con svantaggio socio-culturale.

Il/la candidato/a formuli un progetto di attività didattica finalizzato allo sviluppo dell'abilità creativa attraverso l'utilizzo di materiali di recupero, nell'ambito del campo di esperienza "Immagini, suoni, colori". Consideri che l'attività è rivolta a un gruppo di alunni/e di 5 anni, di cui uno con problemi di coordinamento oculo- manuale.

Il/la candidato/a avrà a sua disposizione una postazione con LIM e videoproiettore
per la presentazione e lo svolgimento della lezione. La durata massima della lezione è di 30 minuti, comprensiva della parte volta a valutare l'abilità di comprensione scritta (lettura) e di produzione orale (parlato) in lingua inglese, almeno al livello B2 del Quadro Comune Europeo di Riferimento per le lingue.

Traccia n. 62

Il/la candidato/a formuli un progetto di attività didattica finalizzata alla creazione di semplici oggetti o figure mediante l'utilizzo di pasta per modellare, nell'ambito del campo di esperienza "Immagini, suoni, colori". Consideri che l'attività è rivolta a un gruppo di alunni/e di 3 anni, di cui una con problemi comportamentali.

Il/la candidato/a avrà a sua disposizione una postazione con LIM e videoproiettore
per la presentazione e lo svolgimento della lezione. La

durata massima della lezione è di 30 minuti, comprensiva della parte volta a valutare l'abilità di comprensione scritta (lettura) e di produzione orale (parlato) in lingua inglese, almeno al livello B2 del Quadro Comune Europeo di Riferimento per le lingue.

Traccia n. 132

Il/la candidato/a formuli un progetto di attività didattica finalizzato alla scoperta dell'uso creativo della voce, nell'ambito del campo di esperienza "Immagini, suoni, colori".
Consideri che l'attività è rivolta a un gruppo di alunni/e di 4 anni, di cui uno con svantaggio socio-culturale.

Il/la candidato/a avrà a sua disposizione una postazione con LIM e videoproiettore
per la presentazione e lo svolgimento della lezione. La durata massima della lezione è di 30 minuti, comprensiva della parte volta a valutare l'abilità di comprensione scritta (lettura) e di produzione orale (parlato) in lingua inglese, almeno al livello B2 del Quadro Comune Europeo di Riferimento per le lingue.

Traccia n. 85

Il/la candidato/a formuli un progetto di attività didattica finalizzato alla scoperta delle principali parti del corpo, nell'ambito del campo di esperienza "La conoscenza del mondo". Consideri che l'attività è rivolta a un gruppo di alunni/e di 3 anni, di cui uno con disturbo di attenzione.

Il/la candidato/a avrà a sua disposizione una postazione con LIM e   videoproiettore

Il/la candidato/a formuli un progetto di attività didattica finalizzato a stimolare le prime interpretazioni sulla struttura e sul funzionamento del corpo umano, nell'ambito del campo di esperienza "La conoscenza del mondo". Consideri che l'attività è rivolta a un gruppo di alunni/e di 5 anni, di cui una con problemi di coordinamento oculo-manuale.

Il/la candidato/a avrà a sua disposizione una postazione con LIM e videoproiettore
per la presentazione e lo svolgimento della lezione. La durata massima della lezione è di 30 minuti, comprensiva della parte volta a valutare l'abilità di comprensione scritta (lettura) e di produzione orale (parlato) in lingua inglese, almeno al livello B2 del Quadro Comune Europeo di Riferimento per le lingue.

Traccia n. 1

Il/la candidato/a formuli un progetto di attività didattica finalizzato all'elaborazione dello schema corporeo, nell'ambito del campo di esperienza "Il corpo e il movimento". Consideri che l'attività è rivolta a un gruppo di alunni/e, di età compresa tra i 3 e i 5 anni, di cui uno con svantaggio socio-culturale.

Il/la candidato/a avrà a sua disposizione una postazione con LIM e videoproiettore

per la presentazione e lo svolgimento della lezione. La durata massima della lezione è di 30 minuti, comprensiva della parte volta a valutare l'abilità di comprensione scritta (lettura) e di produzione orale (parlato) in lingua inglese, almeno al livello B2 del Quadro Comune Europeo di Riferimento per le lingue.

Traccia n. 119

Il/la candidato/a formuli un progetto di attività didattica per apprendere a contare in modo progressivo entro la decina, nell'ambito del campo di esperienza "La conoscenza del mondo". Consideri che l'attività è rivolta a un gruppo di alunni/e di 3/4 anni, di cui una con svantaggio socio-culturale.

Il/la candidato/a avrà a sua disposizione una postazione con LIM e videoproiettore
per la presentazione e lo svolgimento della lezione. La durata massima della lezione è di 30 minuti, comprensiva della parte volta a valutare l'abilità di comprensione scritta (lettura) e di produzione orale (parlato) in lingua inglese, almeno al livello B2 del Quadro Comune Europeo di Riferimento per le lingue.

Traccia n. 48

Il/la candidato/a formuli un progetto di attività didattica finalizzato all'apprendimento di regole di interazione verbale all'interno di un gruppo, nell'ambito del campo di esperienza "I discorsi e le parole". Consideri che l'attività è rivolta a un gruppo di alunni/e di età compresa tra i 3 e i 5 anni, di cui uno con problemi di linguaggio.

Il/la candidato/a avrà a sua disposizione una postazione con LIM e   videoproiettore

Il/la candidato/a formuli un progetto di attività didattica finalizzato ad utilizzare simboli di una notazione informale, nell'ambito del campo di esperienza "Immagini, suoni, colori". Consideri che l'attività è rivolta a un gruppo di alunni/e di 5 anni di cui uno con disturbo di attenzione.

Il/la candidato/a avrà a sua disposizione una postazione con LIM e videoproiettore
per la presentazione e lo svolgimento della lezione. La durata massima della lezione è di 30 minuti, comprensiva della parte volta a valutare l'abilità di comprensione scritta (lettura) e di produzione orale (parlato) in lingua inglese, almeno al livello B2 del Quadro Comune Europeo di Riferimento per le lingue.

Traccia n. 64

Il/la candidato/a formuli un progetto di attività didattica finalizzato a individuare caratteristiche, proprietà e quantità di oggetti, nell'ambito del campo di esperienza "La conoscenza del mondo". Consideri che l'attività è rivolta a un gruppo di alunni/e di 4/5 anni, di cui uno con problemi di linguaggio.

Il/la candidato/a avrà a sua disposizione una postazione con LIM e videoproiettore
per la presentazione e lo svolgimento della lezione. La durata massima della lezione è di 30 minuti, comprensiva della parte volta a valutare l'abilità di comprensione scritta (lettura) e di produzione orale (parlato) in lingua

inglese, almeno al livello B2 del Quadro Comune Europeo di Riferimento per le lingue.

Traccia n. 6

Il/la candidato/a formuli un progetto di attività didattica finalizzato a sviluppare interesse per la fruizione di opere d'arte, nell'ambito del campo di esperienza "Immagini, suoni, colori". Consideri che l'attività è rivolta a un gruppo di alunni/e di 5 anni, di cui uno con problemi di linguaggio.

Il/la candidato/a avrà a sua disposizione una postazione con LIM e videoproiettore
per la presentazione e lo svolgimento della lezione. La durata massima della lezione è di 30 minuti, comprensiva della parte volta a valutare l'abilità di comprensione scritta (lettura) e di produzione orale (parlato) in lingua inglese, almeno al livello B2 del Quadro Comune Europeo di Riferimento per le lingue.

Traccia n. 116

Il candidato progetti un'attività didattica interdisciplinare di Lingua italiana, Tecnologia ed Educazione civica, comprensiva delle scelte contenutistiche, didattiche, metodologiche compiute e valutative, nonché di esempi di utilizzo pratico delle tecnologie digitali.

Il candidato dovrà inoltre indicare con precisione le modalità e gli strumenti di valutazione, predisponendo eventualmente prove personalizzate, relative alle osservazioni in itinere e la valutazione finale.

La progettazione didattica deve prevedere più moduli e promuovere il raggiungimento dei seguenti obiettivi di apprendimento:
Comprendere il tema e le informazioni essenziali di un'esposizione (diretta o trasmessa); comprendere lo scopo e l'argomento di messaggi trasmessi dai media (annunci, bollettini...); Prevedere le conseguenze di decisioni o comportamenti personali o relative alla propria classe.
Per quanto riguarda l'educazione civica si fa riferimento al seguente nucleo concettuale: COSTITUZIONE, diritto (nazionale e internazionale), legalità e solidarietà.

I destinatari sono 19 alunni di una classe quinta della scuola primaria.
La classe è apparentemente tranquilla dal punto di vista del comportamento, in realtà non è riuscita a consolidarsi negli anni come un gruppo unito e si manifestano spesso episodi di intolleranza. Nella classe, è presente un alunno per il quale è stato predisposto un piano educativo individualizzato, con una diagnosi di disturbo dello spettro autistico, con una lieve compromissione del linguaggio ed una più importante fragilità nelle abilità sociali. Ha interessi rigidi e stereotipati, difficoltà nelle autonomie. È presente inoltre un alunno con Bisogni educativi speciali, per il quale i docenti hanno predisposto un Piano didattico personalizzato, in relazione ad un disturbo d'ansia.

Il candidato avrà a sua disposizione computer e un videoproiettore per la presentazione e lo svolgimento della lezione.

Il candidato illustra il progetto dell'attività didattica che ha ideato in un tempo adeguato della durata massima complessiva di 30 minuti, considerando che nel corso della presentazione la commissione interloquisce con il candidato per approfondire i diversi aspetti della progettazione, anche con riferimento ai fondamenti concettuali delle scelte pedagogicodidattiche e alla capacità di comprensione e conversazione in lingua inglese, almeno a livello B2 del Quadro Comune Europeo di Riferimento per le lingue, nonché alla specifica capacità didattica per l'insegnamento della lingua inglese.

****
****

Traccia n. 15

Il candidato progetti un'attività didattica di MATEMATICA comprensiva delle scelte contenutistiche, didattiche, metodologiche compiute e valutative, nonché di esempi di utilizzo pratico delle tecnologie digitali.

Il candidato dovrà inoltre indicare con precisione le modalità e gli strumenti di valutazione, predisponendo eventualmente prove personalizzate, relative alle osservazioni in itinere e la valutazione finale.

La progettazione didattica deve prevedere più moduli e promuovere il raggiungimento dei seguenti obiettivi di apprendimento:
Rappresentare problemi con tabelle e grafici che ne esprimono la struttura.
Particolare attenzione deve essere posta ai collegamenti con l'insegnamento della tecnologia.

I destinatari sono 14 alunni di una classe quinta della scuola primaria. La classe si presenta abbastanza variegata dal punto di vista della provenienza dei bambini.
La classe è nel complesso tranquilla e si relaziona positivamente.

Nella classe è presente un alunno con la seguente diagnosi: Disturbo misto della capacità scolastiche; sindrome da disadattamento. I docenti hanno predisposto un Piano educativo individualizzato.

Il candidato avrà a sua disposizione computer e un videoproiettore per la presentazione e lo svolgimento della lezione.
Il candidato illustra il progetto dell'attività didattica che ha ideato in un tempo adeguato della durata massima complessiva di 30 minuti, considerando che nel corso della presentazione la commissione interloquisce con il candidato per approfondire i diversi aspetti della progettazione, anche con riferimento ai fondamenti concettuali delle scelte pedagogicodidattiche e alla capacità di comprensione e conversazione in lingua inglese, almeno a livello

B2 del Quadro Comune Europeo di Riferimento per le lingue, nonché alla specifica capacità didattica per l'insegnamento della lingua inglese.

****
****

Traccia n. 235

Il candidato progetti un'attività didattica interdisciplinare, comprensiva delle scelte contenutistiche, didattiche, metodologiche compiute e valutative, nonché di esempi di utilizzo pratico delle tecnologie digitali.

L'attività deve partire dal seguente traguardo di competenza "L'alunno sviluppa atteggiamenti di curiosità e modi di guardare il mondo che lo stimolano a cercare spiegazioni di quello che vede succedere".
Deve coinvolgere le seguenti discipline: scienze, italiano, inglese e arte e immagine. Particolare attenzione deve essere posta all'insegnamento dell'educazione civica.

Il candidato dovrà indicare con precisione le modalità e gli strumenti di valutazione. Dovrà altresì predisporre un compito di realtà, illustrando i traguardi disciplinari e/o trasversali correlati, gli obiettivi di apprendimento disciplinari, la consegna operativa per gli alunni, le modalità e i tempi di somministrazione della prova, i materiali necessari, gli adattamenti per allievi con BES.

I destinatari sono 20 alunni di una classe terza della

scuola primaria situata in un contesto ricco di offerte culturali legate al patrimonio locale.

La classe è molto vivace, ma propositiva e inclusiva. Si presenta abbastanza variegata dal punto di vista della provenienza dei bambini.

E' presente un alunno con disturbo dello spettro autistico e intelligenza limite, per il quale i docenti hanno predisposto un Piano educativo individualizzato.

Il candidato avrà a sua disposizione computer e videoproiettore per la presentazione e lo svolgimento della lezione.

Il candidato illustra il progetto dell'attività didattica che ha ideato in un tempo adeguato della durata massima complessiva di 30 minuti, considerando che nel corso della presentazione la commissione interloquisce con il candidato per approfondire i diversi aspetti della progettazione, anche con riferimento ai fondamenti concettuali delle scelte pedagogicodidattiche e alla capacità di comprensione e conversazione in lingua inglese, almeno a livello

B2 del Quadro Comune Europeo di Riferimento per le lingue, nonché alla specifica capacità didattica per l'insegnamento della lingua inglese.

****
****

Traccia n. 136

Il candidato progetti un'attività didattica interdisciplinare di Lingua italiana ed Educazione civica, comprensiva delle scelte contenutistiche, didattiche, metodologiche compiute e valutative, nonché di esempi di utilizzo pratico delle tecnologie digitali.

Il candidato dovrà inoltre indicare con precisione le modalità e gli strumenti di valutazione, predisponendo eventualmente prove personalizzate, relative alle osservazioni in itinere e la valutazione finale.

La progettazione didattica deve prevedere più moduli e promuovere il raggiungimento dei seguenti obiettivi di apprendimento di Lingua italiana:
Comprendere e utilizzare parole e termini specifici legati alle discipline di studio,
Utilizzare il dizionario come strumento di consultazione,
Per quanto riguarda l'educazione civica si fa riferimento al seguente nucleo concettuale: COSTITUZIONE, diritto (nazionale e internazionale), legalità e solidarietà.

I destinatari sono 12 alunni di una classe quarta della scuola primaria di un piccolo centro. La classe è abbastanza vivace, ma puntuale nel rispetto delle consegne e rispettosa delle regole. Essa si presenta abbastanza omogenea dal punto di vista della provenienza degli
alunni, caratterizzata dalla presenza di bambini che si frequentano anche al di fuori dell'orario scolastico. È

presente un alunno con un piano educativo individualizzato, con una diagnosi di autismo ad alto funzionamento che presenta buone risorse cognitive ed un particolare interesse per la storia.

Il candidato avrà a sua disposizione computer e un videoproiettore per la presentazione e lo svolgimento della lezione.

Il candidato illustra il progetto dell'attività didattica che ha ideato in un tempo adeguato della durata massima complessiva di 30 minuti, considerando che nel corso della presentazione la commissione interloquisce con il candidato per approfondire i diversi aspetti della progettazione, anche con riferimento ai fondamenti concettuali delle scelte pedagogicodidattiche e alla capacità di comprensione e conversazione in lingua inglese, almeno a livello

B2 del Quadro Comune Europeo di Riferimento per le lingue, nonché alla specifica capacità didattica per l'insegnamento della lingua inglese.

****
****

Traccia n. 274

Il candidato progetti un'attività didattica interdisciplinare, comprensiva delle scelte contenutistiche, didattiche, metodologiche compiute e valutative, nonché di esempi di utilizzo pratico delle tecnologie digitali.

L'attività deve partire dal seguente traguardo di

competenza "Esegue, da solo e in gruppo, semplici brani vocali o strumentali, appartenenti a generi e culture differenti, utilizzando anche strumenti didattici e auto-costruiti". Deve coinvolgere le seguenti discipline: musica, inglese e tecnologia. Particolare attenzione verrà posta all'insegnamento dell'educazione civica.

Il candidato dovrà indicare con precisione le modalità e gli strumenti di valutazione. Dovrà altresì predisporre un compito di realtà, illustrando i traguardi disciplinari e/o trasversali correlati, gli obiettivi di apprendimento disciplinari, la consegna operativa per gli alunni, le modalità e i tempi di somministrazione della prova, i materiali necessari, gli adattamenti per allievi con BES.

I destinatari sono 18 alunni di una classe quinta della scuola primaria collocata in un quartiere ad alto rischio di dispersione scolastica.
La classe è molto vivace, propositiva e inclusiva. Si presenta abbastanza variegata dal punto di vista della provenienza dei bambini.

Sono presenti due alunni per i quali i docenti hanno elaborato un Piano didattico personalizzato, in relazione alle seguenti diagnosi:
1. Disturbo oppositivo provocatorio; disturbo dell'attività e dell'attenzione;
2. Dislessia e discalculia. L'alunno ha particolari difficoltà nell'apprendimento delle lingue straniere.

Il candidato avrà a sua disposizione computer e videoproiettore per la presentazione e lo svolgimento della lezione.

Il candidato illustra il progetto dell'attività didattica che ha ideato in un tempo adeguato della durata massima complessiva di 30 minuti, considerando che nel corso della presentazione la commissione interloquisce con il candidato per approfondire i diversi aspetti della progettazione, anche con riferimento ai fondamenti concettuali delle scelte pedagogicodidattiche e alla capacità di comprensione e conversazione in lingua inglese, almeno a livello B2 del Quadro Comune Europeo di Riferimento per le lingue, nonché alla specifica capacità didattica per l'insegnamento della lingua inglese.

****
****

Traccia n. 111

Il candidato progetti un'attività didattica interdisciplinare di Lingua italiana e tecnologia, comprensiva delle scelte contenutistiche, didattiche, metodologiche compiute e valutative, nonché di esempi di utilizzo pratico delle tecnologie digitali.

Il candidato dovrà inoltre indicare con precisione le modalità e gli strumenti di valutazione, predisponendo eventualmente prove personalizzate, relative alle osservazioni in itinere e la valutazione finale.

La progettazione didattica deve prevedere più moduli e promuovere il raggiungimento dei seguenti obiettivi di apprendimento:
Comprendere testi di tipo diverso, continui e non continui, in vista di scopi pratici, di intrattenimento e di svago.
Utilizzare semplici procedure per la selezione, la preparazione e la presentazione degli alimenti.

I destinatari sono 19 alunni di una classe terza della scuola primaria.
La classe è abbastanza vivace, sia dal punto di vista del comportamento e delle relazioni, sia dal punto di vista della partecipazione alle attività.

Nella classe è presente un'alunna con un piano educativo individualizzato, per la quale è presente un insegnante di sostegno, con una diagnosi di disturbo evolutivo specifico della funzione motoria.
È presente inoltre un altro alunno con Bisogni educativi speciali, per il quale i docenti hanno predisposto un Piano didattico personalizzato, in relazione ad un ritardo mentale lieve in via di attestazione. La classe si presenta molto variegata dal punto di vista della provenienza dei bambini.

Il candidato avrà a sua disposizione computer e un videoproiettore per la presentazione e lo svolgimento della lezione. Il candidato illustra il progetto dell'attività didattica che ha ideato in un tempo adeguato della durata massima complessiva di 30 minuti, considerando che nel corso della presentazione la commissione interloquisce con il candidato per approfondire i diversi aspetti della progettazione, anche con riferimento ai fondamenti concettuali delle scelte pedagogicodidattiche e alla capacità di comprensione e conversazione in lingua inglese, almeno a livello B2 del Quadro Comune Europeo di Riferimento per le lingue, nonché alla specifica capacità didattica per l'insegnamento della lingua inglese.

****
****

Traccia n. 130

Il candidato progetti un'attività didattica di Lingua italiana, comprensiva delle scelte contenutistiche, didattiche, metodologiche compiute e valutative, nonché di esempi di utilizzo pratico delle tecnologie digitali.

Il candidato dovrà inoltre indicare con precisione le modalità e gli strumenti di valutazione, predisponendo eventualmente prove personalizzate, relative alle osservazioni in itinere e la valutazione finale.

La progettazione didattica deve prevedere più moduli e promuovere il raggiungimento dei seguenti obiettivi di apprendimento:
Comprendere le principali relazioni di significato tra le parole (somiglianze, differenze, appartenenza a un campo semantico).
Conoscere i principali meccanismi di formazione delle parole

(parole semplici, derivate, composte).

I destinatari sono 16 alunni di una classe quarta della scuola primaria impegnata in un progetto di scrittura creativa finalizzata alla partecipazione ad un concorso letterario. La classe è abbastanza vivace dal punto di vista del comportamento e delle relazioni, collaborativa nella partecipazione alle attività. Essa si presenta variegata dal punto di vista della provenienza dei bambini, in particolare sono presenti alunni provenienti da diverse parti d'Europa. È presente inoltre un alunno per il quale è stato predisposto un piano educativo individualizzato, in relazione ad una diagnosi di Autismo ad alto funzionamento, con buone risorse cognitive ed una particolare predisposizione all'apprendimento delle lingue.

Il candidato avrà a sua disposizione computer e un videoproiettore per la presentazione e lo svolgimento della lezione. Il candidato illustra il progetto dell'attività didattica che ha ideato in un tempo adeguato della durata massima complessiva di 30 minuti, considerando che nel corso della presentazione la commissione interloquisce con il candidato per approfondire i diversi aspetti della

progettazione, anche con riferimento ai fondamenti concettuali delle scelte pedagogicodidattiche e alla capacità di comprensione e conversazione in lingua inglese, almeno a livello B2 del Quadro Comune Europeo di Riferimento per le lingue, nonché alla specifica capacità didattica per l'insegnamento della lingua inglese.

****
****

Traccia n. 263

Il candidato progetti un'attività didattica interdisciplinare, comprensiva delle scelte contenutistiche, didattiche, metodologiche compiute e valutative, nonché di esempi di utilizzo pratico delle tecnologie digitali.

L'attività deve partire dal seguente traguardo di competenza "L'alunno si orienta nello spazio circostante e sulle carte geografiche, utilizzando riferimenti topologici e punti cardinali". Deve coinvolgere le seguenti discipline: geografia, arte e immagine e tecnologia.

Il candidato dovrà indicare con precisione le modalità e gli strumenti di valutazione. Dovrà altresì predisporre un compito di realtà, illustrando i traguardi disciplinari e/o trasversali correlati, gli obiettivi di apprendimento disciplinari, la consegna operativa per gli alunni, le modalità e i tempi di somministrazione della prova, i materiali necessari, gli adattamenti per allievi con BES.

I destinatari sono 21 alunni di una classe seconda della scuola primaria situata in un contesto ricco di offerte culturali legate al patrimonio locale.
La classe è molto vivace, propositiva e inclusiva. Si presenta abbastanza variegata dal punto di vista della provenienza dei bambini.
E' presente un alunno con un Disturbo dell'attenzione e iperattività di grado lieve, per il quale i docenti hanno predisposto un Piano didattico personalizzato.

Il candidato avrà a sua disposizione computer e videoproiettore per la presentazione e lo svolgimento della lezione. Il candidato illustra il progetto dell'attività didattica che ha ideato in un tempo adeguato della durata massima complessiva di 30 minuti, considerando che nel corso della presentazione la commissione interloquisce con il candidato per approfondire i diversi aspetti della progettazione, anche con riferimento ai fondamenti concettuali delle scelte pedagogicodidattiche e alla capacità di comprensione e conversazione in lingua inglese, almeno a livello B2 del Quadro Comune Europeo di Riferimento per le lingue, nonché alla specifica capacità didattica per l'insegnamento della lingua inglese.

****
****

Traccia n. 95

Il candidato progetti un'attività didattica interdisciplinare, comprensiva delle scelte contenutistiche, didattiche, metodologiche compiute e valutative, nonché di esempi di utilizzo pratico delle tecnologie digitali.

L'attività deve partire dal seguente traguardo di competenza "Utilizza il linguaggio corporeo e motorio per comunicare ed esprimere i propri stati d'animo, anche attraverso la drammatizzazione e le esperienze ritmico-musicali e coreutiche". Deve coinvolgere le seguenti discipline: educazione fisica, musica, italiano.

Il candidato dovrà indicare con precisione le modalità e

gli strumenti di valutazione. Dovrà altresì predisporre un compito di realtà, illustrando i traguardi disciplinari e/o trasversali correlati, gli obiettivi di apprendimento disciplinari, la consegna operativa per gli alunni, le modalità e i tempi di somministrazione della prova, i materiali necessari, gli adattamenti per allievi con BES.

I destinatari sono 18 alunni di una classe prima della scuola primaria in un quartiere ad alto rischio di dispersione scolastica.
La classe è molto vivace, ma propositiva e inclusiva.

E' presente un alunno, per il quale i docenti hanno elaborato un Piano educativo individualizzato, in relazione alla seguente diagnosi: Disturbo dello spettro autistico. Ha notevoli difficoltà a interagire con i compagni, invece sono buoni i rapporti con i docenti. Ha interessi stereotipati, rituali rigidi e ripetitivi, un linguaggio stereotipato. Ha difficoltà nelle autonomie, è particolarmente impacciato nei movimenti. Hanno inoltre predisposto un Piano didattico personalizzato per un alunno con deficit di attenzione e iperattività di grado severo.

Il candidato avrà a sua disposizione computer e un videoproiettore per la presentazione e lo svolgimento della lezione. Il candidato illustra il progetto dell'attività didattica che ha ideato in un tempo adeguato della durata massima complessiva di 30 minuti, considerando che nel corso della presentazione la commissione interloquisce con il candidato per approfondire i diversi aspetti della progettazione, anche con riferimento ai fondamenti concettuali delle scelte pedagogicodidattiche e alla capacità di comprensione e conversazione in lingua inglese, almeno a livello B2 del Quadro Comune Europeo di Riferimento per le lingue, nonché alla specifica capacità didattica per l'insegnamento della lingua inglese.

****
****

Traccia n. 124

Il candidato progetti un'attività didattica di Lingua italiana e Tecnologia, comprensiva delle scelte contenutistiche, didattiche, metodologiche compiute e valutative, nonché di esempi di utilizzo pratico delle tecnologie digitali.

Il candidato dovrà inoltre indicare con precisione le modalità e gli strumenti di valutazione, predisponendo eventualmente prove personalizzate, relative alle osservazioni in itinere e la valutazione finale.

La progettazione didattica deve prevedere più moduli e promuovere il raggiungimento dei seguenti obiettivi di apprendimento:
Organizzare una gita o una visita ad un museo usando internet per reperire notizie e informazioni;
Ricercare informazioni in testi di diversa natura e provenienza (compresi moduli,

orari, grafici, mappe, ecc.) per scopi pratici o conoscitivi, applicando tecniche di supporto alla comprensione (quali, ad esempio, sottolineare, annotare informazioni, costruire mappe e schemi, ecc.).

I destinatari sono 20 alunni di una classe quinta di una scuola primaria in un quartiere ad alto rischio di dispersione scolastica.

La classe è alquanto disunita e poco partecipe alle attività, demotivata e di difficile gestione a livello disciplinare; sono presenti alcune situazioni di disagio dovute a problematiche socio-familiari e conseguente carenza di stimoli. Essa si presenta variegata

dal punto di vista della provenienza dei bambini. Nella classe è presente un alunno per il quale è stato predisposto un piano educativo individualizzato, con una diagnosi di disturbo generalizzato dello sviluppo, con discrete potenzialità cognitive, ma una difficile situazione familiare che ne ostacola lo sviluppo. È presente inoltre un altro alunno con Bisogni educativi speciali, proveniente dal Messico, inserito di recente nella classe, per il quale è in atto un lavoro di recupero linguistico, delineato in un piano didattico individualizzato.

Il candidato avrà a sua disposizione computer e un videoproiettore per la presentazione e lo svolgimento della lezione.

Il candidato illustra il progetto dell'attività didattica che ha ideato in un tempo adeguato della durata massima complessiva di 30 minuti, considerando che nel corso della presentazione la commissione interloquisce con il candidato per approfondire i diversi aspetti della progettazione, anche con riferimento ai fondamenti concettuali delle scelte pedagogico-didattiche e alla capacità di comprensione e conversazione in lingua inglese, almeno a livello B2 del Quadro Comune Europeo di Riferimento per le lingue, nonché alla specifica capacità didattica per l'insegnamento della lingua inglese.

****
****

Traccia n. 94

Il candidato progetti un'attività didattica interdisciplinare, comprensiva delle scelte contenutistiche, didattiche, metodologiche compiute e valutative, nonché di esempi di utilizzo pratico delle tecnologie digitali.

L'attività deve partire dal seguente traguardo di competenza "Utilizza il linguaggio corporeo e motorio per comunicare ed esprimere i propri stati d'animo, anche attraverso la drammatizzazione e le esperienze ritmico-musicali e coreutiche". Deve coinvolgere le seguenti discipline: educazione fisica, musica, lingua italiana.

Il candidato dovrà indicare con precisione le modalità e gli strumenti di valutazione. Dovrà altresì predisporre un compito di realtà, illustrando i traguardi disciplinari e/o trasversali correlati, gli obiettivi di apprendimento disciplinari, la consegna operativa per gli alunni, le modalità e i tempi di somministrazione della prova, i materiali necessari, gli adattamenti per allievi con BES.

I destinatari sono 20 alunni di una classe prima della scuola primaria in un quartiere ad alto rischio di dispersione scolastica.
La classe è abbastanza vivace, sia dal punto di vista del comportamento e delle relazioni, sia dal punto di vista della partecipazione alle attività. Essendo piuttosto numerosa, tende talvolta a diventare dispersiva e caotica.

E' presente un alunno per il quale i docenti hanno elaborato un Piano educativo individualizzato in relazione alla seguente diagnosi: Disturbo dello spettro autistico. Ha notevoli difficoltà a interagire con i compagni, invece sono buoni i rapporti con i docenti. Ha interessi stereotipati, rituali rigidi e ripetitivi, un linguaggio stereotipato. Ha difficoltà nelle autonomie, è particolarmente impacciato nei movimenti.

Il candidato avrà a sua disposizione computer e un videoproiettore per la presentazione e lo svolgimento della lezione. Il candidato illustra il progetto dell'attività didattica che ha ideato in un tempo adeguato della durata massima complessiva di 30 minuti, considerando che nel corso della presentazione la commissione interloquisce con il candidato per approfondire i diversi aspetti della

progettazione, anche con riferimento ai fondamenti concettuali delle scelte pedagogicodidattiche e alla capacità di comprensione e conversazione in lingua inglese, almeno a livello B2 del Quadro Comune Europeo di Riferimento per le lingue, nonché alla specifica capacità didattica per

l'insegnamento della lingua inglese.

****

Traccia n. 90

Il candidato progetti un'attività didattica di Storia comprensiva delle scelte contenutistiche, didattiche, metodologiche compiute e valutative, nonché di esempi di utilizzo pratico delle tecnologie digitali.

Il candidato dovrà inoltre indicare con precisione le modalità e gli strumenti di valutazione, predisponendo eventualmente prove personalizzate, relative alle osservazioni in itinere e la valutazione finale.

La progettazione didattica deve prevedere più moduli e promuovere il raggiungimento dei seguenti obiettivi di apprendimento:
Ricavare da fonti di tipo diverso informazioni e conoscenze su aspetti del passato. Organizzare le conoscenze acquisite in semplici schemi temporali.

Particolare attenzione deve essere posta ai collegamenti interdisciplinari con Geografia, Arte e immagine e Tecnologia e all'insegnamento dell'educazione civica.

I destinatari sono 9 alunni di una pluriclasse secondAterza della scuola primaria situata in un contesto ricco di offerte culturali legate al patrimonio locale. La classe è molto vivace, propositiva e inclusiva. E' presente un alunno, della classe seconda, con diagnosi di Disturbo dello spettro autistico con ritardo mentale lieve, per il quale i docenti hanno predisposto un Piano educativo individualizzato.

Il candidato avrà a sua disposizione computer e un videoproiettore per la presentazione e lo svolgimento della lezione.

Il candidato illustra il progetto dell'attività didattica che ha ideato in un tempo adeguato della durata massima complessiva di 30 minuti, considerando che nel corso della presentazione la commissione interloquisce con il candidato per approfondire i diversi aspetti della progettazione, anche con riferimento ai fondamenti concettuali delle scelte pedagogicodidattiche e alla capacità di comprensione e conversazione in lingua inglese, almeno a livello

B2 del Quadro Comune Europeo di Riferimento per le lingue, nonché alla specifica capacità didattica per l'insegnamento della lingua inglese.

****

Traccia n. 201

Il candidato progetti un'attività didattica interdisciplinare Educazione fisica e
Musica, comprensiva delle scelte contenutistiche, didattiche, metodologiche compiute e valutative, nonché di esempi di utilizzo pratico delle tecnologie digitali.

Il candidato dovrà inoltre indicare con precisione le modalità e gli strumenti di
valutazione, predisponendo eventualmente prove personalizzate, relative alle osservazioni in itinere e la valutazione finale.

La progettazione didattica deve prevedere più moduli e promuovere il raggiungimento dei seguenti obiettivi di apprendimento:
Valutare aspetti funzionali ed estetici in brani musicali di vario genere e stile, in relazione al riconoscimento di culture, di tempi e luoghi diversi;
Elaborare ed eseguire semplici sequenze di movimento o semplici coreografie individuali e collettive.

I destinatari sono 13 alunni di una classe quarta della scuola primaria.
La classe è abbastanza tranquilla dal punto di vista del comportamento e delle relazioni ma poco collaborativa nella partecipazione alle attività. Essa si presenta abbastanza variegata dal punto di vista della provenienza dei bambini, molti di essi provengono da parti diverse dell'Europa e del mondo. Nella classe è presente un alunno, per il quale i docenti hanno predisposto un Piano educativo individualizzato, in relazione ad una diagnosi di disturbo dello spettro autistico con ritardo mentale di grado severo. È presente inoltre un alunno con Bisogni educativi speciali, per il quale i docenti hanno predisposto un Piano didattico personalizzato, in relazione ad un disagio familiare che provoca in lui apatia, demotivazione

per le attività e difficoltà ad instaurare relazioni positive.

Il candidato avrà a sua disposizione computer e
un videoproiettore per la presentazione e lo svolgimento della
lezione.

Il candidato illustra il progetto dell'attività didattica che ha
ideato in un tempo adeguato della durata massima
complessiva di 30 minuti, considerando che nel corso della
presentazione la commissione interloquisce con il
candidato per approfondire i diversi aspetti della
progettazione, anche con riferimento ai fondamenti concettuali
delle scelte pedagogicodidattiche e alla capacità di
comprensione e conversazione in lingua inglese, almeno a
livello
B2 del Quadro Comune Europeo di Riferimento per le
lingue, nonché alla specifica capacità didattica per
l'insegnamento della lingua inglese.

****

Traccia n. 126

Il candidato progetti un'attività didattica di Lingua italiana,
comprensiva delle scelte contenutistiche, didattiche,
metodologiche compiute e valutative, nonché di esempi di
utilizzo pratico delle tecnologie digitali.

Il candidato dovrà inoltre indicare con precisione le modalità e gli
strumenti di
valutazione, predisponendo eventualmente prove
personalizzate, relative alle osservazioni in itinere e la

valutazione finale.

La progettazione didattica deve prevedere più
moduli e promuovere il raggiungimento dei
seguenti obiettivi di apprendimento:
Comprendere che le parole hanno diverse accezioni e
individuare l'accezione specifica di una parola in un
testo.

I destinatari sono 23 alunni di una classe quarta della scuola
primaria.
La classe è abbastanza tranquilla dal punto di vista del
comportamento e delle
relazioni e molto collaborativa nella partecipazione alle
attività. Essa si presenta abbastanza variegata dal punto di
vista della provenienza dei bambini, in particolare sono
presenti due bambini inseriti nel corso dei due ultimi anni
scolastici e provenienti da due diversi paesi del Nord
Africa. I docenti hanno predisposto un Piano didattico
personalizzato.
È presente un alunno con Bisogni educativi speciali, per il quale i
docenti hanno

predisposto un Piano didattico personalizzato, in
relazione ad un disturbo oppositivo provocatorio,
con una particolare passione per la storia.

Il candidato avrà a sua disposizione computer e
un videoproiettore per la presentazione e lo svolgimento della
lezione.
Il candidato illustra il progetto dell'attività didattica che ha
ideato in un tempo adeguato della durata massima

complessiva di 30 minuti, considerando che nel corso della presentazione la commissione interloquisce con il candidato per approfondire i diversi aspetti della progettazione, anche con riferimento ai fondamenti concettuali delle scelte pedagogicodidattiche e alla capacità di comprensione e conversazione in lingua inglese, almeno a livello
B2 del Quadro Comune Europeo di Riferimento per le lingue, nonché alla specifica capacità didattica per l'insegnamento della lingua inglese.

****

Traccia n. 3

Il candidato progetti un'attività didattica di Matematica comprensiva delle scelte contenutistiche, didattiche, metodologiche compiute e valutative, nonché di esempi di utilizzo pratico delle tecnologie digitali.

Il candidato dovrà inoltre indicare con precisione le modalità e gli strumenti di valutazione, predisponendo eventualmente prove personalizzate, relative alle osservazioni in itinere e la valutazione finale.

La progettazione didattica deve prevedere più moduli e promuovere il raggiungimento dei seguenti obiettivi di apprendimento:
Leggere e scrivere i numeri naturali in notazione decimale, avendo consapevolezza della notazione posizionale; confrontarli e ordinarli, anche

rappresentandoli sulla retta.

I destinatari sono 20 alunni di una
classe terza della scuola primaria. La
classe è particolarmente vivace e con
relazioni non sempre positive.
Nella classe è presente un'alunna con la seguente
diagnosi: discalculia e dislessia. I docenti hanno
predisposto un Piano didattico personalizzato.

Il candidato avrà a sua disposizione computer e
videoproiettore per la presentazione e lo svolgimento
della lezione.
Il candidato illustra il progetto dell'attività didattica che ha
ideato in un tempo adeguato della durata massima
complessiva di 30 minuti, considerando che nel corso della
presentazione la commissione interloquisce con il
candidato per approfondire i diversi aspetti della
progettazione, anche con riferimento ai fondamenti concettuali
delle scelte pedagogicodidattiche e alla capacità di
comprensione e conversazione in lingua inglese, almeno a
livello
B2 del Quadro Comune Europeo di Riferimento per le
lingue, nonché alla specifica capacità didattica per
l'insegnamento della lingua inglese.

****

Traccia n. 279

Il candidato progetti un'attività didattica interdisciplinare, comprensiva delle scelte contenutistiche, didattiche, metodologiche compiute e valutative, nonché di esempi di utilizzo pratico delle tecnologie digitali.

L'attività deve partire dal seguente traguardo di competenza "L'alunno utilizza le conoscenze e le abilità relative al linguaggio visivo per produrre varie tipologie di testi visivi (espressivi, narrativi, rappresentativi e comunicativi) e rielaborare in modo creativo le immagini con molteplici tecniche, materiali e strumenti (grafico-espressivi, pittorici e plastici, ma anche audiovisivi e multimediali).".
Deve coinvolgere le seguenti discipline: arte e immagine, francese e tecnologia. Particolare attenzione verrà posta all'insegnamento dell'educazione civica.

Il candidato dovrà indicare con precisione le modalità e gli strumenti di valutazione. Dovrà altresì predisporre un compito di realtà, illustrando i traguardi disciplinari e/o trasversali correlati, gli obiettivi di apprendimento disciplinari, la consegna operativa per gli alunni, le modalità e i tempi di somministrazione della prova, i materiali necessari, gli adattamenti per allievi con BES.

I destinatari sono 21 alunni di una classe quarta della scuola primaria situata in un contesto ricco di offerte culturali legate al patrimonio locale.
La classe è molto vivace, propositiva e inclusiva. Si presenta abbastanza variegata dal punto di vista della provenienza dei bambini.

Sono presenti due alunni per i quali i docenti hanno

elaborato un Piano didattico personalizzato, in relazione rispettivamente alla diagnosi di dislessia e di dislessia e disortografia. Hanno entrambi particolari difficoltà nell'apprendimento delle lingue straniere.

Il candidato avrà a sua disposizione computer e videoproiettore per la presentazione e lo svolgimento della lezione. Il candidato illustra il progetto dell'attività didattica che ha ideato in un tempo adeguato della durata massima complessiva di 30 minuti, considerando che nel corso della presentazione la commissione interloquisce con il candidato per approfondire i diversi aspetti della progettazione, anche con riferimento ai fondamenti concettuali delle scelte pedagogicodidattiche e alla capacità di comprensione e conversazione in lingua inglese, almeno a livello B2 del Quadro Comune Europeo di Riferimento per le lingue, nonché alla specifica capacità didattica per l'insegnamento della lingua inglese.

****

Traccia n. 233

Il candidato progetti un'attività didattica interdisciplinare, comprensiva delle scelte contenutistiche, didattiche, metodologiche compiute e valutative, nonché di esempi di utilizzo pratico delle tecnologie digitali.

L'attività deve partire dal seguente traguardo di competenza "L'alunno si muove con sicurezza nel calcolo scritto e mentale con i numeri naturali e sa valutare l'opportunità di ricorrere a una calcolatrice".

Deve coinvolgere le seguenti discipline: matematica e tecnologia.

Il candidato dovrà indicare con precisione le modalità e gli strumenti di valutazione. Dovrà altresì predisporre un compito di realtà, illustrando i traguardi disciplinari e/o trasversali correlati, gli obiettivi di apprendimento disciplinari, la consegna operativa per gli alunni, le modalità e i tempi di somministrazione della prova, i materiali necessari, gli adattamenti per allievi con BES.

I destinatari sono 24 alunni di una classe quarta della scuola primaria.
La classe è abbastanza disciplinata dal punto di vista del comportamento, anche se vivace nelle relazioni; nelle attività si presenta attenta e partecipe.

Sono presenti due alunni per i quali i docenti hanno predisposto un Piano didattico personalizzato. Il primo presenta una diagnosi di dislessia e discalculia; il secondo presenta un disturbo disturbo dell'attenzione e disturbi di ansia.

Il candidato avrà a sua disposizione computer e videoproiettore per la presentazione e lo svolgimento della lezione.
Il candidato illustra il progetto dell'attività didattica che ha ideato in un tempo adeguato della durata massima complessiva di 30 minuti, considerando che nel corso della presentazione la commissione interloquisce con il candidato per approfondire i diversi aspetti della progettazione, anche con riferimento ai fondamenti concettuali

delle scelte pedagogicodidattiche e alla capacità di comprensione e conversazione in lingua inglese, almeno a livello

B2 del Quadro Comune Europeo di Riferimento per le lingue, nonché alla specifica capacità didattica per l'insegnamento della lingua inglese.

****

Traccia n. 192

Il candidato progetti un'attività didattica interdisciplinare di Lingua italiana ed Arte e immagine, comprensiva delle scelte contenutistiche, didattiche, metodologiche compiute e valutative, nonché di esempi di utilizzo pratico delle tecnologie digitali. Il candidato dovrà inoltre indicare con precisione le modalità e gli strumenti di valutazione, predisponendo eventualmente prove personalizzate, relative alle osservazioni in itinere e la valutazione finale.

La progettazione didattica deve prevedere più moduli e promuovere il raggiungimento dei seguenti obiettivi di apprendimento:
Organizzare un semplice discorso orale su un tema affrontato in classe con un breve intervento preparato in precedenza o un'esposizione su un argomento di studio utilizzando una scaletta.
Individuare in un'opera d'arte, sia antica sia moderna, gli elementi essenziali della forma, del linguaggio, della tecnica e dello stile dell'artista per comprenderne il

messaggio e la funzione.

Elaborare creativamente produzioni personali e autentiche per esprimere sensazioni ed emozioni; rappresentare e comunicare la realtà percepita.

I destinatari sono 16 alunni di una classe quinta della scuola primaria, vivace e poco rispettosa delle regole, molto inclusiva ma caratterizzata da una particolare tendenza a formare piccoli gruppi chiusi.

È presente nella classe un alunno per il quale è stato predisposto un Piano educativo individualizzato, con diagnosi di ipoacusia neurosensoriale di tipo medio grave, con disturbo della comprensione del linguaggio e disturbo evolutivo specifico della funzione motoria. È inoltre presente una bambina per cui sono in fase di accertamento e approfondimento difficoltà legate a Disturbo Specifico dell'Apprendimento, con particolari difficoltà legate alla lettura e alla comprensione del testo.

Il candidato avrà a sua disposizione computer e un videoproiettore per la presentazione e lo svolgimento della lezione.

Il candidato illustra il progetto dell'attività didattica che ha ideato in un tempo adeguato della durata massima complessiva di 30 minuti, considerando che nel corso della presentazione la commissione interloquisce con il candidato per approfondire i diversi aspetti della progettazione, anche con riferimento ai fondamenti concettuali delle scelte pedagogicodidattiche e alla capacità di

comprensione e conversazione in lingua inglese, almeno a livello
B2 del Quadro Comune Europeo di Riferimento per le lingue, nonché alla specifica capacità didattica per l'insegnamento della lingua inglese.

****

Traccia n. 46

Il candidato progetti un'attività didattica di Geografia comprensiva delle scelte contenutistiche, didattiche, metodologiche compiute e valutative, nonché di esempi di utilizzo pratico delle tecnologie digitali.

Il candidato dovrà inoltre indicare con precisione le modalità e gli strumenti di valutazione, predisponendo eventualmente prove personalizzate, relative alle osservazioni in itinere e la valutazione finale.

La progettazione didattica deve prevedere più moduli e promuovere il raggiungimento dei seguenti obiettivi di apprendimento:
Localizzare le regioni fisiche principali e i grandi caratteri dei diversi continenti e degli oceani.
Particolare attenzione deve essere posta ai collegamenti con l'insegnamento della tecnologia, della storia e all'insegnamento dell'educazione civica.

I destinatari sono 24 alunni di una classe quarta della scuola primaria.

La classe è molto vivace, propositiva e inclusiva, sono ottime le relazioni interpersonali. Nella classe è presente un alunno con difficoltà nell'area dell'attenzione per il quale i docenti hanno predisposto un Piano didattico personalizzato.

Il candidato avrà a sua disposizione computer e un videoproiettore per la presentazione e lo svolgimento della lezione.

Il candidato illustra il progetto dell'attività didattica che ha ideato in un tempo adeguato della durata massima complessiva di 30 minuti, considerando che nel corso della presentazione la commissione interloquisce con il candidato per approfondire i diversi aspetti della progettazione, anche con riferimento ai fondamenti concettuali delle scelte pedagogicodidattiche e alla capacità di comprensione e conversazione in lingua inglese, almeno a livello

B2 del Quadro Comune Europeo di Riferimento per le lingue, nonché alla specifica capacità didattica per l'insegnamento della lingua inglese.

****

Traccia n. 256

Il candidato progetti un'attività didattica interdisciplinare, comprensiva delle scelte contenutistiche, didattiche, metodologiche compiute e valutative, nonché di esempi di utilizzo pratico delle tecnologie digitali.

L'attività deve partire dal seguente traguardo di competenza
"Descrive oralmente e per

iscritto, in modo semplice, aspetti del proprio vissuto e del
proprio ambiente ed elementi che si riferiscono a bisogni
immediati". Deve coinvolgere le seguenti discipline:
inglese e tecnologia.

Il candidato dovrà indicare con precisione le modalità e
gli strumenti di valutazione. Dovrà altresì predisporre un
compito di realtà, illustrando i traguardi disciplinari e/o
trasversali correlati, gli obiettivi di apprendimento
disciplinari, la consegna operativa per gli alunni, le
modalità e i tempi di somministrazione della prova, i
materiali necessari, gli adattamenti per allievi con BES.

I destinatari sono 22 alunni di una classe quinta della scuola
primaria.
La classe è molto vivace, propositiva e inclusiva, sono
ottime le relazioni interpersonali. Si presenta abbastanza
variegata dal punto di vista della provenienza dei
bambini.
E' presente un alunno, per il quale i docenti hanno
predisposto un Piano didattico personalizzato, in
relazione alla seguente diagnosi: Dislessia e discalculia.
Ha particolari difficoltà nell'apprendimento delle
lingua straniere.

Il candidato avrà a sua disposizione computer e videoproiettore
per la presentazione e lo svolgimento della lezione. Il candidato
illustra il progetto dell'attività didattica che ha ideato in un
tempo adeguato della durata massima complessiva di 30 minuti,

considerando che nel corso della presentazione la commissione interloquisce con il candidato per approfondire i diversi aspetti della progettazione, anche con riferimento ai fondamenti concettuali delle scelte pedagogicodidattiche e alla capacità di comprensione e conversazione in lingua inglese, almeno a livello B2 del Quadro Comune Europeo di Riferimento per le lingue, nonché alla specifica capacità didattica per l'insegnamento della lingua inglese.

Traccia n. 116

Il candidato progetti un'attività didattica interdisciplinare di Lingua italiana, Tecnologia ed Educazione civica, comprensiva delle scelte contenutistiche, didattiche, metodologiche compiute e valutative, nonché di esempi di utilizzo pratico delle tecnologie digitali.

Il candidato dovrà inoltre indicare con precisione le modalità e gli strumenti di valutazione, predisponendo eventualmente prove personalizzate, relative alle osservazioni in itinere e la valutazione finale.

La progettazione didattica deve prevedere più moduli e promuovere il raggiungimento dei seguenti obiettivi di apprendimento:
Comprendere il tema e le informazioni essenziali di un'esposizione (diretta o trasmessa); comprendere lo scopo e l'argomento di messaggi trasmessi dai media (annunci, bollettini...); Prevedere le conseguenze di decisioni o comportamenti personali o relative alla propria classe.
Per quanto riguarda l'educazione civica si fa

riferimento al seguente nucleo concettuale: COSTITUZIONE, diritto (nazionale e internazionale), legalità e solidarietà.

I destinatari sono 19 alunni di una classe quinta della scuola primaria.

La classe è apparentemente tranquilla dal punto di vista del comportamento, in realtà non è riuscita a consolidarsi negli anni come un gruppo unito e si manifestano spesso episodi di intolleranza. Nella classe, è presente un alunno per il quale è stato predisposto un piano educativo individualizzato, con una diagnosi di disturbo dello spettro autistico, con una lieve compromissione del linguaggio ed una più importante fragilità nelle abilità sociali. Ha interessi rigidi e stereotipati, difficoltà nelle autonomie. È presente inoltre un alunno con Bisogni educativi speciali, per il quale i docenti hanno predisposto un Piano didattico personalizzato, in relazione ad un disturbo d'ansia.

Il candidato avrà a sua disposizione computer e un videoproiettore per la presentazione e lo svolgimento della lezione.

Il candidato illustra il progetto dell'attività didattica che ha ideato in un tempo adeguato della durata massima complessiva di 30 minuti, considerando che nel corso della presentazione la commissione interloquisce con il candidato per approfondire i diversi aspetti della progettazione, anche con riferimento ai fondamenti concettuali delle scelte pedagogicodidattiche e alla capacità di comprensione e conversazione in lingua inglese, almeno a livello

B2 del Quadro Comune Europeo di Riferimento per le lingue, nonché alla specifica capacità didattica per l'insegnamento della lingua inglese.

****
****

Traccia n. 15

Il candidato progetti un'attività didattica di MATEMATICA comprensiva delle scelte contenutistiche, didattiche, metodologiche compiute e valutative, nonché di esempi di utilizzo pratico delle tecnologie digitali.

Il candidato dovrà inoltre indicare con precisione le modalità e gli strumenti di valutazione, predisponendo eventualmente prove personalizzate, relative alle osservazioni in itinere e la valutazione finale.

La progettazione didattica deve prevedere più moduli e promuovere il raggiungimento dei seguenti obiettivi di apprendimento:
Rappresentare problemi con tabelle e grafici che ne esprimono la struttura.
Particolare attenzione deve essere posta ai collegamenti con l'insegnamento della tecnologia.

I destinatari sono 14 alunni di una classe quinta della scuola primaria. La classe si presenta abbastanza variegata dal punto di vista della provenienza dei bambini.

La classe è nel complesso tranquilla e si relaziona positivamente.

Nella classe è presente un alunno con la seguente diagnosi: Disturbo misto della capacità scolastiche; sindrome da disadattamento. I docenti hanno predisposto un Piano educativo individualizzato.

Il candidato avrà a sua disposizione computer e un videoproiettore per la presentazione e lo svolgimento della lezione.

Il candidato illustra il progetto dell'attività didattica che ha ideato in un tempo adeguato della durata massima complessiva di 30 minuti, considerando che nel corso della presentazione la commissione interloquisce con il candidato per approfondire i diversi aspetti della progettazione, anche con riferimento ai fondamenti concettuali delle scelte pedagogicodidattiche e alla capacità di comprensione e conversazione in lingua inglese, almeno a livello

B2 del Quadro Comune Europeo di Riferimento per le lingue, nonché alla specifica capacità didattica per l'insegnamento della lingua inglese.

****
****

Traccia n. 235

Il candidato progetti un'attività didattica interdisciplinare, comprensiva delle scelte contenutistiche, didattiche, metodologiche compiute e valutative, nonché di esempi di utilizzo pratico delle tecnologie digitali.

L'attività deve partire dal seguente traguardo di competenza "L'alunno sviluppa atteggiamenti di curiosità e modi di guardare il mondo che lo stimolano a cercare spiegazioni di quello che vede succedere".
Deve coinvolgere le seguenti discipline: scienze, italiano, inglese e arte e immagine. Particolare attenzione deve essere posta all'insegnamento dell'educazione civica.

Il candidato dovrà indicare con precisione le modalità e gli strumenti di valutazione. Dovrà altresì predisporre un compito di realtà, illustrando i traguardi disciplinari e/o trasversali correlati, gli obiettivi di apprendimento disciplinari, la consegna operativa per gli alunni, le modalità e i tempi di somministrazione della prova, i materiali necessari, gli adattamenti per allievi con BES.

I destinatari sono 20 alunni di una classe terza della scuola primaria situata in un contesto ricco di offerte culturali legate al patrimonio locale.
La classe è molto vivace, ma propositiva e inclusiva. Si presenta abbastanza variegata dal punto di vista della provenienza dei bambini.

E' presente un alunno con disturbo dello spettro autistico e intelligenza limite, per il quale i docenti hanno predisposto un Piano educativo individualizzato.

Il candidato avrà a sua disposizione computer e videoproiettore per la presentazione e lo svolgimento della lezione.

Il candidato illustra il progetto dell'attività didattica che ha ideato in un tempo adeguato della durata massima complessiva di 30 minuti, considerando che nel corso della presentazione la commissione interloquisce con il candidato per approfondire i diversi aspetti della progettazione, anche con riferimento ai fondamenti concettuali delle scelte pedagogicodidattiche e alla capacità di comprensione e conversazione in lingua inglese, almeno a livello B2 del Quadro Comune Europeo di Riferimento per le lingue, nonché alla specifica capacità didattica per l'insegnamento della lingua inglese.

****
****

Traccia n. 136

Il candidato progetti un'attività didattica interdisciplinare di Lingua italiana ed Educazione civica, comprensiva delle scelte contenutistiche, didattiche, metodologiche compiute e valutative, nonché di esempi di utilizzo pratico delle tecnologie digitali.

Il candidato dovrà inoltre indicare con precisione le modalità e gli strumenti di valutazione, predisponendo eventualmente prove personalizzate, relative alle osservazioni in itinere e la valutazione finale.

La progettazione didattica deve prevedere più moduli e

promuovere il raggiungimento dei seguenti obiettivi di apprendimento di Lingua italiana:

Comprendere e utilizzare parole e termini specifici legati alle discipline di studio, Utilizzare il dizionario come strumento di consultazione,

Per quanto riguarda l'educazione civica si fa riferimento al seguente nucleo concettuale: COSTITUZIONE, diritto (nazionale e internazionale), legalità e solidarietà.

I destinatari sono 12 alunni di una classe quarta della scuola primaria di un piccolo centro. La classe è abbastanza vivace, ma puntuale nel rispetto delle consegne e rispettosa delle regole. Essa si presenta abbastanza omogenea dal punto di vista della provenienza degli alunni, caratterizzata dalla presenza di bambini che si frequentano anche al di fuori dell'orario scolastico. È presente un alunno con un piano educativo individualizzato, con una diagnosi di autismo ad alto funzionamento che presenta buone risorse cognitive ed un particolare interesse per la storia.

Il candidato avrà a sua disposizione computer e un videoproiettore per la presentazione e lo svolgimento della lezione.

Il candidato illustra il progetto dell'attività didattica che ha ideato in un tempo adeguato della durata massima complessiva di 30 minuti, considerando che nel corso della presentazione la commissione interloquisce con il candidato per approfondire i diversi aspetti della progettazione, anche con riferimento ai fondamenti concettuali delle scelte pedagogicodidattiche e alla capacità di comprensione e conversazione in lingua inglese, almeno a livello

B2 del Quadro Comune Europeo di Riferimento per le lingue, nonché alla specifica capacità didattica per l'insegnamento della lingua inglese.

****
****

Traccia n. 274

Il candidato progetti un'attività didattica interdisciplinare, comprensiva delle scelte contenutistiche, didattiche, metodologiche compiute e valutative, nonché di esempi di utilizzo pratico delle tecnologie digitali.

L'attività deve partire dal seguente traguardo di competenza "Esegue, da solo e in gruppo, semplici brani vocali o strumentali, appartenenti a generi e culture differenti, utilizzando anche strumenti didattici e auto-costruiti". Deve coinvolgere le seguenti discipline: musica, inglese e tecnologia. Particolare attenzione verrà posta all'insegnamento dell'educazione civica.

Il candidato dovrà indicare con precisione le modalità e gli strumenti di valutazione. Dovrà altresì predisporre un compito di realtà, illustrando i traguardi disciplinari e/o trasversali correlati, gli obiettivi di apprendimento disciplinari, la consegna operativa per gli alunni, le modalità e i tempi di somministrazione della prova, i materiali necessari, gli adattamenti per allievi con BES.

I destinatari sono 18 alunni di una classe quinta della scuola primaria collocata in un quartiere ad alto rischio di dispersione scolastica.
La classe è molto vivace, propositiva e inclusiva. Si presenta abbastanza variegata dal punto di vista della provenienza dei bambini.

Sono presenti due alunni per i quali i docenti hanno elaborato un Piano didattico personalizzato, in relazione alle seguenti diagnosi:
1. Disturbo oppositivo provocatorio; disturbo dell'attività e dell'attenzione;
2. Dislessia e discalculia. L'alunno ha particolari difficoltà nell'apprendimento delle lingue straniere.

Il candidato avrà a sua disposizione computer e videoproiettore per la presentazione e lo svolgimento della lezione.
Il candidato illustra il progetto dell'attività didattica che ha ideato in un tempo adeguato della durata massima complessiva di 30 minuti, considerando che nel corso della presentazione la commissione interloquisce con il candidato per approfondire i diversi aspetti della progettazione, anche con riferimento ai fondamenti concettuali delle scelte pedagogicodidattiche e alla capacità di comprensione e conversazione in lingua inglese, almeno a

livello

B2 del Quadro Comune Europeo di Riferimento per le lingue, nonché alla specifica capacità didattica per l'insegnamento della lingua inglese.

****
****

Traccia n. 111

Il candidato progetti un'attività didattica interdisciplinare di Lingua italiana e tecnologia, comprensiva delle scelte contenutistiche, didattiche, metodologiche compiute e valutative, nonché di esempi di utilizzo pratico delle tecnologie digitali.

Il candidato dovrà inoltre indicare con precisione le modalità e gli strumenti di valutazione, predisponendo eventualmente prove personalizzate, relative alle osservazioni in itinere e la valutazione finale.

La progettazione didattica deve prevedere più moduli e promuovere il raggiungimento dei seguenti obiettivi di apprendimento:
Comprendere testi di tipo diverso, continui e non continui, in vista di scopi pratici, di intrattenimento e di svago.
Utilizzare semplici procedure per la selezione, la preparazione e la presentazione degli alimenti.
I destinatari sono 19 alunni di una classe terza della scuola primaria.

La classe è abbastanza vivace, sia dal punto di vista del comportamento e delle relazioni, sia dal punto di vista della partecipazione alle attività.

Nella classe è presente un'alunna con un piano educativo individualizzato, per la quale è presente un insegnante di sostegno, con una diagnosi di disturbo evolutivo specifico della funzione motoria.
È presente inoltre un altro alunno con Bisogni educativi speciali, per il quale i docenti hanno predisposto un Piano didattico personalizzato, in relazione ad un ritardo mentale lieve in via di attestazione. La classe si presenta molto variegata dal punto di vista della provenienza dei bambini.

Il candidato avrà a sua disposizione computer e un videoproiettore per la presentazione e lo svolgimento della lezione. Il candidato illustra il progetto dell'attività didattica che ha ideato in un tempo adeguato della durata massima complessiva di 30 minuti, considerando che nel corso della presentazione la commissione interloquisce con il candidato per approfondire i diversi aspetti della progettazione, anche con riferimento ai fondamenti concettuali delle scelte pedagogicodidattiche e alla capacità di comprensione e conversazione in lingua inglese, almeno a livello B2 del Quadro Comune Europeo di Riferimento per le lingue, nonché alla specifica capacità didattica per l'insegnamento della lingua inglese.

****
****

Traccia n. 130

Il candidato progetti un'attività didattica di Lingua italiana, comprensiva delle scelte contenutistiche, didattiche, metodologiche compiute e valutative, nonché di esempi di utilizzo pratico delle tecnologie digitali.

Il candidato dovrà inoltre indicare con precisione le modalità e gli strumenti di valutazione, predisponendo eventualmente prove personalizzate, relative alle osservazioni in itinere e la valutazione finale.

La progettazione didattica deve prevedere più moduli e promuovere il raggiungimento dei seguenti obiettivi di apprendimento:
Comprendere le principali relazioni di significato tra le parole (somiglianze, differenze, appartenenza a un campo semantico). Conoscere i principali meccanismi di formazione delle parole (parole semplici, derivate, composte).

I destinatari sono 16 alunni di una classe quarta della scuola primaria impegnata in un progetto di scrittura creativa finalizzata alla partecipazione ad un concorso letterario. La classe è abbastanza vivace dal punto di vista del comportamento e delle relazioni, collaborativa nella partecipazione alle attività. Essa si presenta variegata dal punto di vista della provenienza dei bambini, in particolare sono presenti alunni provenienti da diverse parti d'Europa. È presente inoltre un alunno per il quale è stato predisposto un piano educativo individualizzato, in relazione ad una diagnosi di Autismo ad alto funzionamento, con buone risorse cognitive ed una particolare predisposizione all'apprendimento delle lingue.

Il candidato avrà a sua disposizione computer e un videoproiettore per la presentazione e lo svolgimento della lezione. Il candidato illustra il progetto dell'attività didattica che ha ideato in un tempo adeguato della durata massima complessiva di 30 minuti, considerando che nel corso della presentazione la commissione interloquisce con il candidato per approfondire i diversi aspetti della

progettazione, anche con riferimento ai fondamenti concettuali delle scelte pedagogicodidattiche e alla capacità di comprensione e conversazione in lingua inglese, almeno a livello B2 del Quadro Comune Europeo di Riferimento per le lingue, nonché alla specifica capacità didattica per l'insegnamento della lingua inglese.

****
****

Traccia n. 263

Il candidato progetti un'attività didattica interdisciplinare, comprensiva delle scelte contenutistiche, didattiche, metodologiche compiute e valutative, nonché di esempi di utilizzo pratico delle tecnologie digitali.

L'attività deve partire dal seguente traguardo di competenza "L'alunno si orienta nello spazio circostante e sulle carte geografiche, utilizzando riferimenti topologici e punti cardinali". Deve coinvolgere le seguenti discipline: geografia, arte e immagine e tecnologia.

Il candidato dovrà indicare con precisione le modalità e gli strumenti di valutazione. Dovrà altresì predisporre un compito di realtà, illustrando i traguardi disciplinari e/o trasversali correlati, gli obiettivi di apprendimento disciplinari, la consegna operativa per gli alunni, le modalità e i tempi di somministrazione della prova, i materiali necessari, gli adattamenti per allievi con BES.

I destinatari sono 21 alunni di una classe seconda della scuola primaria situata in un contesto ricco di offerte culturali legate al patrimonio locale.
La classe è molto vivace, propositiva e inclusiva. Si presenta abbastanza variegata dal punto di vista della provenienza dei bambini.
E' presente un alunno con un Disturbo dell'attenzione e iperattività di grado lieve, per il quale i docenti hanno predisposto un Piano didattico personalizzato.

Il candidato avrà a sua disposizione computer e videoproiettore per la presentazione e lo svolgimento della lezione. Il candidato illustra il progetto dell'attività didattica che ha ideato in un tempo adeguato della durata massima complessiva di 30 minuti, considerando che nel corso della presentazione la commissione interloquisce con il candidato per approfondire i diversi aspetti della progettazione, anche con riferimento ai fondamenti concettuali delle scelte pedagogicodidattiche e alla capacità di comprensione e conversazione in lingua inglese, almeno a livello B2 del Quadro Comune Europeo di Riferimento per le lingue, nonché alla specifica capacità didattica per

l'insegnamento della lingua inglese.

****
****

Traccia n. 95

Il candidato progetti un'attività didattica interdisciplinare, comprensiva delle scelte contenutistiche, didattiche, metodologiche compiute e valutative, nonché di esempi di utilizzo pratico delle tecnologie digitali.

L'attività deve partire dal seguente traguardo di competenza "Utilizza il linguaggio corporeo e motorio per comunicare ed esprimere i propri stati d'animo, anche attraverso la drammatizzazione e le esperienze ritmico-musicali e coreutiche". Deve coinvolgere le seguenti discipline: educazione fisica, musica, italiano.

Il candidato dovrà indicare con precisione le modalità e gli strumenti di valutazione. Dovrà altresì predisporre un compito di realtà, illustrando i traguardi disciplinari e/o trasversali correlati, gli obiettivi di apprendimento disciplinari, la consegna operativa per gli alunni, le modalità e i tempi di somministrazione della prova, i materiali necessari, gli adattamenti per allievi con BES.

I destinatari sono 18 alunni di una classe prima della scuola primaria in un quartiere ad alto rischio di dispersione scolastica.
La classe è molto vivace, ma propositiva e inclusiva.

E' presente un alunno, per il quale i docenti hanno elaborato un Piano educativo individualizzato, in relazione alla seguente diagnosi: Disturbo dello spettro autistico. Ha notevoli difficoltà a interagire con i compagni, invece sono buoni i rapporti con i docenti. Ha interessi stereotipati, rituali rigidi e ripetitivi, un linguaggio stereotipato. Ha difficoltà nelle autonomie, è particolarmente impacciato nei movimenti. Hanno inoltre predisposto un Piano didattico personalizzato per un alunno con deficit di attenzione e iperattività di grado severo.

Il candidato avrà a sua disposizione computer e un videoproiettore per la presentazione e lo svolgimento della lezione. Il candidato illustra il progetto dell'attività didattica che ha ideato in un tempo adeguato della durata massima complessiva di 30 minuti, considerando che nel corso della presentazione la commissione interloquisce con il candidato per approfondire i diversi aspetti della progettazione, anche con riferimento ai fondamenti concettuali delle scelte pedagogicodidattiche e alla capacità di comprensione e conversazione in lingua inglese, almeno a livello B2 del Quadro Comune Europeo di Riferimento per le lingue, nonché alla specifica capacità didattica per l'insegnamento della lingua inglese.

****
****

Traccia n. 124

Il candidato progetti un'attività didattica di Lingua italiana e Tecnologia, comprensiva delle scelte contenutistiche, didattiche, metodologiche compiute e valutative, nonché di esempi di utilizzo pratico delle tecnologie digitali.

Il candidato dovrà inoltre indicare con precisione le modalità e gli strumenti di valutazione, predisponendo eventualmente prove personalizzate, relative alle osservazioni in itinere e la valutazione finale.

La progettazione didattica deve prevedere più moduli e promuovere il raggiungimento dei seguenti obiettivi di apprendimento:
Organizzare una gita o una visita ad un museo usando internet per reperire notizie e informazioni;
Ricercare informazioni in testi di diversa natura e provenienza (compresi moduli, orari, grafici, mappe, ecc.) per scopi pratici o conoscitivi, applicando tecniche di supporto alla comprensione (quali, ad esempio, sottolineare, annotare informazioni, costruire mappe e schemi, ecc.).

I destinatari sono 20 alunni di una classe quinta di una scuola primaria in un quartiere ad alto rischio di dispersione scolastica.
La classe è alquanto disunita e poco partecipe alle attività, demotivata e di difficile gestione a livello disciplinare; sono presenti alcune situazioni di disagio dovute a problematiche socio-familiari e conseguente

carenza di stimoli. Essa si presenta variegata

dal punto di vista della provenienza dei bambini. Nella classe è presente un alunno per il quale è stato predisposto un piano educativo individualizzato, con una diagnosi di disturbo generalizzato dello sviluppo, con discrete potenzialità cognitive, ma una difficile situazione familiare che ne ostacola lo sviluppo. È presente inoltre un altro alunno con Bisogni educativi speciali, proveniente dal Messico, inserito di recente nella classe, per il quale è in atto un lavoro di recupero linguistico, delineato in un piano didattico individualizzato.

Il candidato avrà a sua disposizione computer e un videoproiettore per la presentazione e lo svolgimento della lezione.

Il candidato illustra il progetto dell'attività didattica che ha ideato in un tempo adeguato della durata massima complessiva di 30 minuti, considerando che nel corso della presentazione la commissione interloquisce con il candidato per approfondire i diversi aspetti della progettazione, anche con riferimento ai fondamenti concettuali delle scelte pedagogico-didattiche e alla capacità di comprensione e conversazione in lingua inglese, almeno a livello B2 del Quadro Comune Europeo di Riferimento per le lingue, nonché alla specifica capacità didattica per l'insegnamento della lingua inglese.

****

Traccia n. 94

Il candidato progetti un'attività didattica interdisciplinare, comprensiva delle scelte contenutistiche, didattiche, metodologiche compiute e valutative, nonché di esempi di utilizzo pratico delle tecnologie digitali.

L'attività deve partire dal seguente traguardo di competenza "Utilizza il linguaggio corporeo e motorio per comunicare ed esprimere i propri stati d'animo, anche attraverso la drammatizzazione e le esperienze ritmico-musicali e coreutiche". Deve coinvolgere le seguenti discipline: educazione fisica, musica, lingua italiana.

Il candidato dovrà indicare con precisione le modalità e gli strumenti di valutazione. Dovrà altresì predisporre un compito di realtà, illustrando i traguardi disciplinari e/o trasversali correlati, gli obiettivi di apprendimento disciplinari, la consegna operativa per gli alunni, le modalità e i tempi di somministrazione della prova, i materiali necessari, gli adattamenti per allievi con BES.

I destinatari sono 20 alunni di una classe prima della scuola primaria in un quartiere ad alto rischio di dispersione scolastica.
La classe è abbastanza vivace, sia dal punto di vista del comportamento e delle relazioni, sia dal punto di vista della partecipazione alle attività. Essendo piuttosto numerosa, tende talvolta a diventare dispersiva e caotica.

E' presente un alunno per il quale i docenti hanno elaborato un Piano educativo individualizzato in relazione alla seguente diagnosi: Disturbo dello spettro autistico. Ha notevoli difficoltà a interagire con i compagni, invece sono buoni i rapporti con i docenti. Ha interessi stereotipati, rituali rigidi e ripetitivi, un linguaggio stereotipato. Ha difficoltà nelle autonomie, è particolarmente impacciato nei movimenti.

Il candidato avrà a sua disposizione computer e un videoproiettore per la presentazione e lo svolgimento della lezione. Il candidato illustra il progetto dell'attività didattica che ha ideato in un tempo adeguato della durata massima complessiva di 30 minuti, considerando che nel corso della presentazione la commissione interloquisce con il candidato per approfondire i diversi aspetti della

progettazione, anche con riferimento ai fondamenti concettuali delle scelte pedagogicodidattiche e alla capacità di comprensione e conversazione in lingua inglese, almeno a livello B2 del Quadro Comune Europeo di Riferimento per le lingue, nonché alla specifica capacità didattica per l'insegnamento della lingua inglese.

****

Traccia n. 90

Il candidato progetti un'attività didattica di Storia comprensiva delle scelte contenutistiche, didattiche, metodologiche compiute e valutative, nonché di esempi di utilizzo pratico delle tecnologie digitali.

Il candidato dovrà inoltre indicare con precisione le

modalità e gli strumenti di valutazione, predisponendo eventualmente prove personalizzate, relative alle osservazioni in itinere e la valutazione finale.

La progettazione didattica deve prevedere più moduli e promuovere il raggiungimento dei seguenti obiettivi di apprendimento:
Ricavare da fonti di tipo diverso informazioni e conoscenze su aspetti del passato. Organizzare le conoscenze acquisite in semplici schemi temporali.

Particolare attenzione deve essere posta ai collegamenti interdisciplinari con Geografia, Arte e immagine e Tecnologia e all'insegnamento dell'educazione civica.

I destinatari sono 9 alunni di una pluriclasse secondAterza della scuola primaria situata in un contesto ricco di offerte culturali legate al patrimonio locale. La classe è molto vivace, propositiva e inclusiva. E' presente un alunno, della classe seconda, con diagnosi di Disturbo dello spettro autistico con ritardo mentale lieve, per il quale i docenti hanno predisposto un Piano educativo individualizzato.

Il candidato avrà a sua disposizione computer e un videoproiettore per la presentazione e lo svolgimento della lezione.
Il candidato illustra il progetto dell'attività didattica che ha ideato in un tempo adeguato della durata massima complessiva di 30 minuti, considerando che nel corso della presentazione la commissione interloquisce con il

candidato per approfondire i diversi aspetti della progettazione, anche con riferimento ai fondamenti concettuali delle scelte pedagogicodidattiche e alla capacità di comprensione e conversazione in lingua inglese, almeno a livello

B2 del Quadro Comune Europeo di Riferimento per le lingue, nonché alla specifica capacità didattica per l'insegnamento della lingua inglese.

****

Traccia n. 201

Il candidato progetti un'attività didattica interdisciplinare Educazione fisica e

Musica, comprensiva delle scelte contenutistiche, didattiche, metodologiche compiute e valutative, nonché di esempi di utilizzo pratico delle tecnologie digitali.

Il candidato dovrà inoltre indicare con precisione le modalità e gli strumenti di

valutazione, predisponendo eventualmente prove personalizzate, relative alle osservazioni in itinere e la valutazione finale.

La progettazione didattica deve prevedere più moduli e promuovere il raggiungimento dei seguenti obiettivi di apprendimento:
Valutare aspetti funzionali ed estetici in brani musicali di vario genere e stile, in relazione al riconoscimento di culture, di tempi e luoghi

diversi;
Elaborare ed eseguire semplici sequenze di
movimento o semplici coreografie
individuali e collettive.

I destinatari sono 13 alunni di una classe quarta della scuola
primaria.
La classe è abbastanza tranquilla dal punto di vista del
comportamento e delle relazioni ma poco collaborativa nella
partecipazione alle attività. Essa si presenta abbastanza
variegata dal punto di vista della provenienza dei bambini,
molti di essi provengono da parti diverse dell'Europa e del
mondo. Nella classe è presente un alunno, per il quale i docenti
hanno predisposto un Piano educativo individualizzato, in
relazione ad una diagnosi di disturbo dello spettro autistico con
ritardo mentale di grado severo. È presente inoltre un alunno
con Bisogni educativi speciali, per il quale i docenti hanno
predisposto un Piano didattico personalizzato, in relazione ad
un disagio familiare che provoca in lui apatia, demotivazione
per le attività e difficoltà ad instaurare relazioni positive.

Il candidato avrà a sua disposizione computer e
un videoproiettore per la presentazione e lo svolgimento della
lezione.
Il candidato illustra il progetto dell'attività didattica che ha
ideato in un tempo adeguato della durata massima
complessiva di 30 minuti, considerando che nel corso della
presentazione la commissione interloquisce con il
candidato per approfondire i diversi aspetti della
progettazione, anche con riferimento ai fondamenti concettuali
delle scelte pedagogicodidattiche e alla capacità di

comprensione e conversazione in lingua inglese, almeno a livello

B2 del Quadro Comune Europeo di Riferimento per le lingue, nonché alla specifica capacità didattica per l'insegnamento della lingua inglese.

****

Traccia n. 126

Il candidato progetti un'attività didattica di Lingua italiana, comprensiva delle scelte contenutistiche, didattiche, metodologiche compiute e valutative, nonché di esempi di utilizzo pratico delle tecnologie digitali.

Il candidato dovrà inoltre indicare con precisione le modalità e gli strumenti di

valutazione, predisponendo eventualmente prove personalizzate, relative alle osservazioni in itinere e la valutazione finale.

La progettazione didattica deve prevedere più moduli e promuovere il raggiungimento dei seguenti obiettivi di apprendimento:
Comprendere che le parole hanno diverse accezioni e individuare l'accezione specifica di una parola in un testo.

I destinatari sono 23 alunni di una classe quarta della scuola primaria.
La classe è abbastanza tranquilla dal punto di vista del

comportamento e delle

relazioni e molto collaborativa nella partecipazione alle attività. Essa si presenta abbastanza variegata dal punto di vista della provenienza dei bambini, in particolare sono presenti due bambini inseriti nel corso dei due ultimi anni scolastici e provenienti da due diversi paesi del Nord Africa. I docenti hanno predisposto un Piano didattico personalizzato.

È presente un alunno con Bisogni educativi speciali, per il quale i docenti hanno

predisposto un Piano didattico personalizzato, in relazione ad un disturbo oppositivo provocatorio, con una particolare passione per la storia.

Il candidato avrà a sua disposizione computer e un videoproiettore per la presentazione e lo svolgimento della lezione.

Il candidato illustra il progetto dell'attività didattica che ha ideato in un tempo adeguato della durata massima complessiva di 30 minuti, considerando che nel corso della presentazione la commissione interloquisce con il candidato per approfondire i diversi aspetti della progettazione, anche con riferimento ai fondamenti concettuali delle scelte pedagogicodidattiche e alla capacità di comprensione e conversazione in lingua inglese, almeno a livello

B2 del Quadro Comune Europeo di Riferimento per le lingue, nonché alla specifica capacità didattica per l'insegnamento della lingua inglese.

****

Il candidato progetti un'attività didattica di Matematica comprensiva delle scelte contenutistiche, didattiche, metodologiche compiute e valutative, nonché di esempi di utilizzo pratico delle tecnologie digitali.

Il candidato dovrà inoltre indicare con precisione le modalità e gli strumenti di valutazione, predisponendo eventualmente prove personalizzate, relative alle osservazioni in itinere e la valutazione finale.

La progettazione didattica deve prevedere più moduli e promuovere il raggiungimento dei seguenti obiettivi di apprendimento:
Leggere e scrivere i numeri naturali in notazione decimale, avendo consapevolezza della notazione posizionale; confrontarli e ordinarli, anche rappresentandoli sulla retta.

I destinatari sono 20 alunni di una classe terza della scuola primaria. La classe è particolarmente vivace e con relazioni non sempre positive.
Nella classe è presente un'alunna con la seguente diagnosi: discalculia e dislessia. I docenti hanno predisposto un Piano didattico personalizzato.

Il candidato avrà a sua disposizione computer e videoproiettore per la presentazione e lo svolgimento della lezione.

Il candidato illustra il progetto dell'attività didattica che ha ideato in un tempo adeguato della durata massima complessiva di 30 minuti, considerando che nel corso della presentazione la commissione interloquisce con il candidato per approfondire i diversi aspetti della progettazione, anche con riferimento ai fondamenti concettuali delle scelte pedagogicodidattiche e alla capacità di comprensione e conversazione in lingua inglese, almeno a livello B2 del Quadro Comune Europeo di Riferimento per le lingue, nonché alla specifica capacità didattica per l'insegnamento della lingua inglese.

****

Traccia n. 279

Il candidato progetti un'attività didattica interdisciplinare, comprensiva delle scelte contenutistiche, didattiche, metodologiche compiute e valutative, nonché di esempi di utilizzo pratico delle tecnologie digitali.

L'attività deve partire dal seguente traguardo di competenza "L'alunno utilizza le conoscenze e le abilità relative al linguaggio visivo per produrre varie tipologie di testi visivi (espressivi, narrativi, rappresentativi e comunicativi) e rielaborare in modo creativo le immagini con molteplici tecniche, materiali e strumenti (grafico-espressivi, pittorici e plastici, ma anche audiovisivi e multimediali).".

Deve coinvolgere le seguenti discipline: arte e immagine,

francese e tecnologia. Particolare attenzione verrà posta all'insegnamento dell'educazione civica.

Il candidato dovrà indicare con precisione le modalità e gli strumenti di valutazione. Dovrà altresì predisporre un compito di realtà, illustrando i traguardi disciplinari e/o trasversali correlati, gli obiettivi di apprendimento disciplinari, la consegna operativa per gli alunni, le modalità e i tempi di somministrazione della prova, i materiali necessari, gli adattamenti per allievi con BES.

I destinatari sono 21 alunni di una classe quarta della scuola primaria situata in un contesto ricco di offerte culturali legate al patrimonio locale.
La classe è molto vivace, propositiva e inclusiva. Si presenta abbastanza variegata dal punto di vista della provenienza dei bambini.

Sono presenti due alunni per i quali i docenti hanno elaborato un Piano didattico personalizzato, in relazione rispettivamente alla diagnosi di dislessia e di dislessia e disortografia. Hanno entrambi particolari difficoltà nell'apprendimento delle lingue straniere.

Il candidato avrà a sua disposizione computer e videoproiettore per la presentazione e lo svolgimento della lezione. Il candidato illustra il progetto dell'attività didattica che ha ideato in un tempo adeguato della durata massima complessiva di 30 minuti, considerando che nel corso della presentazione la commissione interloquisce con il candidato per approfondire i diversi aspetti della progettazione, anche con riferimento ai fondamenti concettuali delle scelte pedagogicodidattiche e alla capacità di comprensione e conversazione in lingua inglese, almeno a livello B2 del Quadro Comune Europeo di Riferimento per le lingue, nonché alla specifica capacità didattica per l'insegnamento della lingua inglese.

****

Traccia n. 233

Il candidato progetti un'attività didattica interdisciplinare, comprensiva delle scelte contenutistiche, didattiche, metodologiche compiute e valutative, nonché di esempi di utilizzo pratico delle tecnologie digitali.

L'attività deve partire dal seguente traguardo di competenza "L'alunno si muove con sicurezza nel calcolo scritto e mentale con i numeri naturali e sa valutare l'opportunità di ricorrere a una calcolatrice". Deve coinvolgere le seguenti discipline: matematica e tecnologia.

Il candidato dovrà indicare con precisione le modalità e gli strumenti di valutazione. Dovrà altresì predisporre un compito di realtà, illustrando i traguardi disciplinari e/o trasversali correlati, gli obiettivi di apprendimento disciplinari, la consegna operativa per gli alunni, le modalità e i tempi di somministrazione della prova, i materiali necessari, gli adattamenti per allievi con BES.

I destinatari sono 24 alunni di una classe quarta della scuola primaria.

La classe è abbastanza disciplinata dal punto di vista del comportamento, anche se vivace nelle relazioni; nelle attività si presenta attenta e partecipe.

Sono presenti due alunni per i quali i docenti hanno predisposto un Piano didattico personalizzato. Il primo presenta una diagnosi di dislessia e discalculia; il secondo presenta un disturbo disturbo dell'attenzione e disturbi di ansia.

Il candidato avrà a sua disposizione computer e videoproiettore per la presentazione e lo svolgimento della lezione.
Il candidato illustra il progetto dell'attività didattica che ha ideato in un tempo adeguato della durata massima complessiva di 30 minuti, considerando che nel corso della presentazione la commissione interloquisce con il candidato per approfondire i diversi aspetti della progettazione, anche con riferimento ai fondamenti concettuali delle scelte pedagogicodidattiche e alla capacità di comprensione e conversazione in lingua inglese, almeno a livello
B2 del Quadro Comune Europeo di Riferimento per le lingue, nonché alla specifica capacità didattica per l'insegnamento della lingua inglese.

****

Traccia n. 192

Il candidato progetti un'attività didattica

interdisciplinare di Lingua italiana ed Arte e immagine, comprensiva delle scelte contenutistiche, didattiche, metodologiche compiute e valutative, nonché di esempi di utilizzo pratico delle tecnologie digitali. Il candidato dovrà inoltre indicare con precisione le modalità e gli strumenti di valutazione, predisponendo eventualmente prove personalizzate, relative alle osservazioni in itinere e la valutazione finale.

La progettazione didattica deve prevedere più moduli e promuovere il raggiungimento dei seguenti obiettivi di apprendimento:

Organizzare un semplice discorso orale su un tema affrontato in classe con un breve intervento preparato in precedenza o un'esposizione su un argomento di studio utilizzando una scaletta.

Individuare in un'opera d'arte, sia antica sia moderna, gli elementi essenziali della forma, del linguaggio, della tecnica e dello stile dell'artista per comprenderne il messaggio e la funzione.

Elaborare creativamente produzioni personali e autentiche per esprimere sensazioni ed emozioni; rappresentare e comunicare la realtà percepita.

I destinatari sono 16 alunni di una classe quinta della scuola primaria, vivace e poco rispettosa delle regole, molto inclusiva ma caratterizzata da una particolare tendenza a formare piccoli gruppi chiusi.

È presente nella classe un alunno per il quale è stato predisposto un Piano educativo individualizzato, con diagnosi di ipoacusia neurosensoriale di tipo medio grave, con disturbo della comprensione del linguaggio e disturbo evolutivo specifico della funzione motoria. È inoltre presente una bambina per cui sono in fase di accertamento e approfondimento difficoltà legate a Disturbo Specifico dell'Apprendimento, con particolari difficoltà legate alla lettura e alla comprensione del testo.

Il candidato avrà a sua disposizione computer e un videoproiettore per la presentazione e lo svolgimento della lezione.

Il candidato illustra il progetto dell'attività didattica che ha ideato in un tempo adeguato della durata massima complessiva di 30 minuti, considerando che nel corso della presentazione la commissione interloquisce con il candidato per approfondire i diversi aspetti della progettazione, anche con riferimento ai fondamenti concettuali delle scelte pedagogicodidattiche e alla capacità di comprensione e conversazione in lingua inglese, almeno a livello B2 del Quadro Comune Europeo di Riferimento per le lingue, nonché alla specifica capacità didattica per l'insegnamento della lingua inglese.

****

Traccia n. 46

Il candidato progetti un'attività didattica di Geografia comprensiva delle scelte contenutistiche, didattiche, metodologiche compiute e valutative, nonché di esempi di utilizzo pratico delle tecnologie digitali.

Il candidato dovrà inoltre indicare con precisione le modalità e gli strumenti di valutazione, predisponendo eventualmente prove personalizzate, relative alle osservazioni in itinere e la valutazione finale.

La progettazione didattica deve prevedere più moduli e promuovere il raggiungimento dei seguenti obiettivi di apprendimento:
Localizzare le regioni fisiche principali e i grandi caratteri dei diversi continenti e degli oceani.
Particolare attenzione deve essere posta ai collegamenti con l'insegnamento della tecnologia, della storia e all'insegnamento dell'educazione civica.

I destinatari sono 24 alunni di una classe quarta della scuola primaria.
La classe è molto vivace, propositiva e inclusiva, sono ottime le relazioni interpersonali. Nella classe è presente un alunno con difficoltà nell'area dell'attenzione per il quale i docenti hanno predisposto un Piano didattico personalizzato.

Il candidato avrà a sua disposizione computer e un videoproiettore per la presentazione e lo svolgimento della lezione.
Il candidato illustra il progetto dell'attività didattica che ha ideato in un tempo adeguato della durata massima complessiva di 30 minuti, considerando che nel corso della

presentazione la commissione interloquisce con il candidato per approfondire i diversi aspetti della

progettazione, anche con riferimento ai fondamenti concettuali delle scelte pedagogicodidattiche e alla capacità di comprensione e conversazione in lingua inglese, almeno a livello

B2 del Quadro Comune Europeo di Riferimento per le lingue, nonché alla specifica capacità didattica per l'insegnamento della lingua inglese.

****

Traccia n. 256

Il candidato progetti un'attività didattica interdisciplinare, comprensiva delle scelte contenutistiche, didattiche, metodologiche compiute e valutative, nonché di esempi di utilizzo pratico delle tecnologie digitali.

L'attività deve partire dal seguente traguardo di competenza "Descrive oralmente e per

iscritto, in modo semplice, aspetti del proprio vissuto e del proprio ambiente ed elementi che si riferiscono a bisogni immediati". Deve coinvolgere le seguenti discipline: inglese e tecnologia.

Il candidato dovrà indicare con precisione le modalità e gli strumenti di valutazione. Dovrà altresì predisporre un compito di realtà, illustrando i traguardi disciplinari e/o trasversali correlati, gli obiettivi di apprendimento disciplinari, la consegna operativa per gli alunni, le modalità e i tempi di somministrazione della prova, i materiali necessari, gli adattamenti per allievi con BES.

I destinatari sono 22 alunni di una classe quinta della scuola primaria.

La classe è molto vivace, propositiva e inclusiva, sono ottime le relazioni interpersonali. Si presenta abbastanza variegata dal punto di vista della provenienza dei bambini.

E' presente un alunno, per il quale i docenti hanno predisposto un Piano didattico personalizzato, in relazione alla seguente diagnosi: Dislessia e discalculia.

Ha particolari difficoltà nell'apprendimento delle lingua straniere.

Il candidato avrà a sua disposizione computer e videoproiettore per la presentazione e lo svolgimento della lezione. Il candidato illustra il progetto dell'attività didattica che ha ideato in un tempo adeguato della durata massima complessiva di 30 minuti, considerando che nel corso della presentazione la commissione interloquisce con il candidato per approfondire i diversi aspetti della progettazione, anche con riferimento ai fondamenti concettuali delle scelte pedagogicodidattiche e alla capacità di comprensione e conversazione in lingua inglese, almeno a livello B2 del Quadro Comune Europeo di Riferimento per le lingue, nonché alla specifica capacità didattica per l'insegnamento della lingua inglese.

TRACCIA N. 8

Il candidato scegliendo un argomento disciplinare di Arte e immagine nel blocco tematico "Esprimersi e comunicare" e avvalendosi delle tecnologie dell'informazione e della comunicazione, simuli una lezione identificando le modalità di semplificazione e/o adattamento rivolte all'alunno con disabilità presente in classe, utilizzando opportune e innovative metodologie didattiche e tenendo in considerazione le due prospettive pedagogiche dei bisogni individuali e dell'inclusione. Tali modalità, da ritenersi connesse alla progettazione educativa individualizzata, possono includere: modificazione degli obiettivi didattici, dei tempi, delle metodologie didattiche, dei materiali o degli strumenti previsti per la classe.

La classe è una seconda della scuola primaria, in cui è presente un alunno con la seguente diagnosi: Sindrome dell'X fragile. Il quadro clinico è il seguente: l'alunno presenta una disabilità intellettiva di grado medio-lieve, si esprime in modo adeguato ma presenta difficoltà di tipo espressivo-grafico che si ripercuotono sugli apprendimenti. È un bambino timido e riservato e spesso tende ad isolarsi. L'alunno è seguito da un insegnante di sostegno. La classe è costituita da alunni collaborativi ma a tratti esuberanti.

Il/la candidato/a avrà a sua disposizione una postazione con LIM e
videoproiettore per la presentazione e lo svolgimento della lezione. La durata massima della lezione è di 30 minuti, comprensiva della parte volta a valutare l'abilità di comprensione scritta (lettura) e di produzione orale (parlato) in lingua inglese, almeno al livello B2 del Quadro Comune Europeo di Riferimento per le lingue.

TRACCIA N. 21

Il candidato scegliendo un argomento disciplinare di Geografia nel blocco tematico "Orientamento" e avvalendosi delle tecnologie dell'informazione e della comunicazione, simuli una lezione identificando le modalità di semplificazione e/o adattamento rivolte all'alunno con disabilità presente in classe, utilizzando opportune e innovative metodologie didattiche e tenendo in considerazione le due prospettive pedagogiche dei bisogni individuali e dell'inclusione. Tali modalità, da ritenersi connesse alla progettazione educativa individualizzata, possono includere: modificazione degli obiettivi didattici, dei tempi, delle metodologie didattiche, dei materiali o degli strumenti previsti per la classe.

La classe è una prima della scuola primaria, in cui è presente un'alunna con la seguente diagnosi: Paralisi cerebrale infantile (tetraparesi spastica). Il quadro clinico è il seguente: l'alunna non è in grado di deambulare ma si avvale di una carrozzina elettronica che guida con l'aiuto dell'adulto; si esprime verbalmente in modo corretto per la sua età ma con qualche difficoltà fonologica. L'alunna è seguita da un insegnante di sostegno. Nella classe sono presenti bambini con difficoltà relazionali anche legate a situazioni di svantaggio socio-economico.

Il/la candidato/a avrà a sua disposizione una postazione con LIM e
videoproiettore per la presentazione e lo svolgimento della lezione. La durata massima della lezione è di 30

minuti, comprensiva della parte volta a valutare l'abilità di comprensione scritta (lettura) e di produzione orale (parlato) in lingua inglese, almeno al livello B2 del Quadro Comune Europeo di Riferimento per le lingue.

TRACCIA N. 28

Il candidato scegliendo un argomento disciplinare di Geografia in relazione   all'obiettivo "Regione e sistema territoriale" e avvalendosi delle tecnologie dell'informazione e della comunicazione, simuli una lezione identificando le modalità di semplificazione e/o adattamento rivolte all'alunno con disabilità presente in classe, utilizzando opportune e innovative metodologie didattiche e tenendo in considerazione le due prospettive pedagogiche dei bisogni individuali e dell'inclusione. Tali modalità, da ritenersi connesse alla progettazione educativa individualizzata, possono includere: modificazione degli obiettivi didattici, dei tempi, delle metodologie didattiche, dei materiali o degli strumenti previsti per la classe.

La classe è una quinta della scuola primaria, in cui è presente un'alunna con la seguente diagnosi: paralisi cerebrale infantile (tetraparesi) con disabilità intellettiva di grado medio. Il quadro clinico è il seguente: l'alunna non è in grado di spostarsi autonomamente, non si esprime verbalmente e ha gravi difficoltà di comprensione del linguaggio. L'alunna segue una progettazione educativa con obiettivi individualizzati.

L'alunna è seguita da un insegnante di sostegno. La classe è molto collaborativa e il bambino è favorevolmente accolto dai compagni.

Il/la candidato/a avrà a sua disposizione una postazione con LIM e
videoproiettore per la presentazione e lo svolgimento della lezione. La durata massima della lezione è di 30 minuti, comprensiva della parte volta a valutare l'abilità di comprensione scritta (lettura) e di produzione orale (parlato) in lingua inglese, almeno al livello B2 del Quadro Comune Europeo di Riferimento per le lingue.

TRACCIA N. 5

Il candidato scegliendo un argomento disciplinare di Musica relativamente all'obiettivo "Riconoscere gli usi, le funzioni e i contesti della musica e dei suoni nella realtà multimediale (cinema, televisione, computer)" e avvalendosi delle tecnologie dell'informazione e della comunicazione, simuli una lezione identificando le modalità di semplificazione e/o adattamento rivolte all'alunno con disabilità presente in classe, utilizzando opportune e innovative metodologie didattiche e tenendo in considerazione le due prospettive pedagogiche dei bisogni individuali e dell'inclusione. Tali modalità, da ritenersi connesse alla progettazione educativa individualizzata, possono includere: modificazione degli obiettivi didattici, dei tempi, delle metodologie didattiche, dei materiali o degli strumenti previsti per la classe.

La classe è una prima della scuola primaria, in cui è
presente un alunno con la seguente diagnosi:
Disturbo dello spettro autistico (grave). Il quadro
clinico è il
seguente: l'alunno presenta disabilità intellettiva di grado medio-
grave e compromissione del linguaggio, con severe difficoltà
relazionali accompagnate da crisi oppositive anche violente.
L'alunno è seguito da un insegnante di sostegno. La classe è
composta da bambini vivaci e collaborativi.

Il/la candidato/a avrà a sua disposizione una postazione con LIM
e videoproiettore per la presentazione e lo svolgimento della
lezione. La durata massima della lezione è di 30 minuti,
comprensiva della parte volta a valutare l'abilità di
comprensione scritta (lettura) e di produzione orale (parlato) in
lingua inglese, almeno al livello B2 del Quadro Comune Europeo
di Riferimento per le lingue.

TRACCIA N. 24

Il candidato scegliendo un argomento disciplinare di Italiano nel
blocco tematico "ascolto e parlato" e avvalendosi delle tecnologie
dell'informazione e della comunicazione, simuli una lezione
identificando le modalità di semplificazione e/o adattamento
rivolte all'alunno con disabilità presente in classe, utilizzando
opportune e innovative metodologie didattiche e tenendo in
considerazione le due prospettive pedagogiche dei bisogni
individuali e dell'inclusione. Tali modalità, da ritenersi connesse
alla progettazione educativa individualizzata, possono includere:
modificazione degli obiettivi didattici, dei tempi, delle
metodologie didattiche, dei materiali o degli strumenti previsti

per la classe.

La classe è una prima della scuola primaria, in cui è presente un'alunna con la seguente diagnosi: Paralisi cerebrale infantile (emiparesi destra). Il quadro clinico è il seguente: l'alunna cammina autonomamente ma con qualche difficoltà; usa in modo competente l'arto superiore sinistro; presenta una disabilità intellettiva di grado mediolieve, si esprime in modo adeguato ma con qualche difficoltà. L'alunna è seguita da un insegnante di sostegno. La classe è costituita da alunni collaborativi ma a tratti esuberanti.

TRACCIA N. 1

Il candidato scegliendo un argomento disciplinare di Scienze nel blocco tematico "Osservare e sperimentare sul campo" e avvalendosi delle tecnologie dell'informazione e della comunicazione, simuli una lezione identificando le modalità di semplificazione e/o adattamento rivolte all'alunno con disabilità presente in classe, utilizzando opportune e innovative metodologie didattiche e tenendo in considerazione le due prospettive pedagogiche dei bisogni individuali e dell'inclusione. Tali modalità, da ritenersi connesse alla progettazione educativa individualizzata, possono includere: modificazione degli obiettivi didattici, dei tempi, delle metodologie didattiche, dei materiali o degli strumenti previsti per la classe.

La classe è una quinta della scuola primaria, in cui è presente un alunno con la seguente diagnosi:

Disabilità visiva (cecità totale). Il quadro clinico è il seguente: l'alunno è competente nell'utilizzo del codice Braille, riesce a seguire la programmazione di classe anche se necessita di attività supplementari di supporto. A livello psico-evolutivo l'alunno presenta alcune difficoltà ad accettare le limitazioni funzionali a cui è soggetto. L'alunno è seguito da un insegnante di sostegno. La classe è nel complesso vivace ma molto propositiva e con buone relazioni.

Il/la candidato/a avrà a sua disposizione una postazione con LIM e videoproiettore per la presentazione e lo svolgimento della lezione. La durata massima della lezione è di 30 minuti, comprensiva della parte volta a valutare l'abilità di comprensione scritta (lettura) e di produzione orale (parlato) in lingua inglese, almeno al livello B2 del Quadro Comune Europeo di Riferimento per le lingue.

TRACCIA N. 13

Il candidato scegliendo un argomento disciplinare di Italiano nel blocco tematico "Letto-scrittura" e avvalendosi delle tecnologie dell'informazione e della comunicazione, simuli una lezione identificando le modalità di semplificazione e/o adattamento rivolte all'alunno con disabilità presente in classe, utilizzando opportune e innovative metodologie didattiche e tenendo in considerazione le due prospettive pedagogiche dei bisogni individuali e dell'inclusione. Tali modalità, da ritenersi

connesse alla progettazione educativa individualizzata, possono includere: modificazione degli obiettivi didattici, dei tempi, delle metodologie didattiche, dei materiali o degli strumenti previsti per la classe.

La classe è una prima della scuola primaria, in cui è presente un alunno con la

seguente diagnosi: ipovisione di grado medio. Il quadro clinico è il seguente: l'alunno è in grado di orientarsi e di spostarsi nello spazio in modo autonomo negli ambienti che conosce, ma incontra molte difficoltà nell'utilizzo di materiali scolastici non adattati. È un bambino molto timido che adotta talvolta comportamenti di isolamento.

L'alunno è seguito da un insegnante di sostegno.

La classe è numerosa ed è inserita in un contesto socio-economico svantaggiato.

Il/la candidato/a avrà a sua disposizione una postazione con LIM e videoproiettore per la presentazione e lo svolgimento della lezione. La durata massima della lezione è di 30 minuti, comprensiva della parte volta a valutare l'abilità di comprensione scritta (lettura) e di produzione orale (parlato) in lingua inglese, almeno al livello B2 del Quadro Comune Europeo di Riferimento per le lingue.

TRACCIA N. 18

Il candidato scegliendo un argomento disciplinare di Scienze nel blocco tematico "L'uomo i viventi e l'ambiente" e avvalendosi delle tecnologie dell'informazione e della comunicazione, simuli una lezione identificando le modalità di semplificazione e/o adattamento rivolte all'alunno con disabilità presente in classe, utilizzando opportune e innovative metodologie didattiche e tenendo in considerazione le due prospettive pedagogiche dei bisogni individuali e dell'inclusione. Tali modalità, da ritenersi connesse alla progettazione educativa individualizzata, possono includere: modificazione degli obiettivi didattici, dei tempi, delle metodologie didattiche, dei materiali o degli strumenti previsti per la classe.

La classe è una quinta della scuola primaria, in cui è presente un'alunna con la seguente diagnosi: Disturbo del linguaggio di grado severo, con disabilità intellettiva di grado lieve. Il quadro clinico è il seguente: l'alunna ha un linguaggio verbale molto limitato, è in grado di rispondere sì/no in modo pertinente. Utilizza sistemi di comunicazione alternativi. L'alunna è seguita da un insegnante di sostegno. La classe è inserita in una scuola di montagna con un esiguo numero di alunni.

Il/la candidato/a avrà a sua disposizione una postazione con LIM e videoproiettore per la presentazione e lo svolgimento della lezione. La durata massima della lezione è di 30 minuti, comprensiva della parte volta a valutare l'abilità di comprensione scritta (lettura) e di produzione orale (parlato) in lingua inglese, almeno al livello B2 del Quadro Comune Europeo di Riferimento per le lingue.

TRACCIA N. 20

Il candidato scegliendo un argomento disciplinare di Scienze nel blocco tematico "Osservare e sperimentare sul campo" e avvalendosi delle tecnologie dell'informazione e della comunicazione, simuli una lezione identificando le modalità di semplificazione e/o adattamento rivolte all'alunno con disabilità presente in classe, utilizzando opportune e innovative metodologie didattiche e tenendo in considerazione le due prospettive pedagogiche dei bisogni individuali e dell'inclusione. Tali modalità, da ritenersi connesse alla progettazione educativa individualizzata, possono includere: modificazione degli obiettivi didattici, dei tempi, delle metodologie didattiche, dei materiali o degli strumenti previsti per la classe.

La classe è una quinta della scuola primaria, in cui è presente un alunno con la seguente diagnosi: Disturbo dello spettro autistico (grave). Il quadro clinico è il seguente: l'alunna presenta disabilità intellettiva di grado medio-grave e compromissione del linguaggio, con severe difficoltà relazionali accompagnate da crisi oppositive anche violente. L'alunna è seguita da un insegnante di sostegno. La classe è composta da bambini vivaci e collaborativi.

Il/la candidato/a avrà a sua disposizione una postazione con LIM e videoproiettore per la presentazione e lo svolgimento della lezione. La durata massima della lezione è di 30 minuti, comprensiva della parte volta a valutare l'abilità di comprensione scritta (lettura) e di produzione orale (parlato) in lingua inglese, almeno al livello B2 del Quadro Comune Europeo di Riferimento per le lingue.

TRACCIA N. 17

Il candidato scegliendo un argomento disciplinare di Italiano nel blocco tematico "Letto-scrittura" e avvalendosi delle tecnologie dell'informazione e della comunicazione, simuli una lezione identificando le modalità di semplificazione e/o adattamento rivolte all'alunno con disabilità presente in classe, utilizzando opportune e innovative metodologie didattiche e tenendo in considerazione le due prospettive pedagogiche dei bisogni individuali e dell'inclusione. Tali modalità, da ritenersi connesse alla progettazione educativa individualizzata, possono includere: modificazione degli obiettivi didattici, dei tempi, delle metodologie didattiche, dei materiali o degli strumenti previsti per la classe.

La classe è una prima della scuola primaria, in cui è presente un'alunna con la seguente diagnosi: Disabilità uditiva (sordità totale). Il quadro clinico è il seguente: l'alunna fruisce di un impianto cocleare da qualche anno; si esprime verbalmente in modo limitato anche se comprensibile. L'alunna è seguita da un insegnante di sostegno. La classe è nel complesso vivace e presenta alcune criticità legate a recenti inserimenti di due bambini provenienti da paesi non italofoni.

Il/la candidato/a avrà a sua disposizione una postazione con LIM e videoproiettore per la presentazione e lo svolgimento della lezione. La durata massima della lezione è di 30 minuti, comprensiva della parte volta a valutare l'abilità di comprensione scritta (lettura) e di produzione orale (parlato) in lingua inglese, almeno al livello B2 del Quadro Comune Europeo di Riferimento per le lingue.

CLASSE DI CONCORSO
A10

Traccia 1

Il candidato progetti un'attività didattica che espliciti le scelte contenutistiche, le articolazioni e le scansioni modulari, gli obiettivi didattici, le proposte metodologiche e i criteri valutativi. L'attività dovrà vertere sul seguente argomento: "Presentazione della composizione grafico-tipografica della coperta (prima pagina) di un settimanale a grande tiratura".

La prova dovrà essere corredata da una premessa che renda evidenti i criteri seguiti per la sua elaborazione, i mezzi impiegati e i risultati attesi. Il candidato dovrà altresì indicare con precisione le modalità e gli strumenti di valutazione.

Coerentemente con quanto premesso, il candidato espliciti le seguenti variabili della realtà simulata in una classe terza superiore di un Liceo artistico con indirizzo grafico, composta da 18 alunni. Si consideri inoltre che all'interno della classe è presente un alunno con BES per il quale i docenti hanno predisposto un Piano Didattico Personalizzato (cause: straniero in situazione di svantaggio linguistico).

Il candidato avrà a sua disposizione computer con connessione alla Rete Internet e videoproiettore. Il candidato illustra il progetto dell'attività didattica che ha ideato in un tempo adeguato, della durata massima di 35 minuti, considerando che nel corso della presentazione la Commissione può interloquire con il candidato per approfondire i diversi aspetti della progettazione, anche con riferimento ai fondamenti concettuali delle scelte pedagogico-didattiche e contenutistiche, e alla capacità di comprensione e conversazione in lingua Inglese, almeno a livello B2 del Quadro Comune Europeo di Riferimento per le lingue. La prova dovrà concludersi entro la durata complessiva di 45 minuti.

Traccia 2

Il candidato progetti un'attività didattica che espliciti le scelte contenutistiche, le articolazioni e le scansioni modulari, gli obiettivi didattici, le proposte metodologiche e i criteri valutativi. L'attività dovrà vertere sul seguente argomento: "Infografica".

La prova dovrà essere corredata da una premessa che renda evidenti i criteri seguiti per la sua elaborazione, i mezzi impiegati e i risultati attesi. Il candidato dovrà altresì indicare con precisione le modalità e gli strumenti di valutazione.

Coerentemente con quanto premesso, il candidato espliciti le seguenti variabili della realtà simulata in una classe quarta superiore di un Liceo artistico con indirizzo grafico, composta da 18 alunni. Si consideri inoltre che all'interno della classe è presente un alunno con certificazione PEI per il quale è stato predisposto un Piano Educativo Individualizzato (diagnosi: ritardo cognitivo lieve valutato ai limiti inferiori alla norma).

Il candidato illustra il progetto dell'attività didattica che ha ideato in un tempo adeguato, della durata massima di 35 minuti, considerando che nel corso della presentazione la Commissione può interloquire con il candidato per approfondire i diversi aspetti della progettazione, anche con riferimento ai fondamenti concettuali delle scelte pedagogico-didattiche e contenutistiche, e alla capacità di comprensione e conversazione in lingua Inglese, almeno a livello B2 del Quadro Comune Europeo di Riferimento per le lingue. La prova dovrà concludersi entro la durata complessiva di 45 minuti.

CLASSE DI CONCORSO A01

Lezione Simulata 1: "Luce e Colore: Esplorazioni Creative"

Contesto: Seconda classe di un Istituto Superiore.
Obiettivi:

- Introdurre gli studenti al concetto di luce e colore nell'arte.
- Esplorare come gli artisti utilizzano il colore per evocare emozioni e costruire prospettive.

Attività:

1. Introduzione Teorica: Breve presentazione sui principi della teoria del colore e sul significato simbolico dei colori nelle diverse culture.
2. Analisi d'Arte: Discussione guidata sull'uso del colore in opere famose, evidenziando artisti come Van Gogh e Kandinsky.
3. Laboratorio Creativo: Gli studenti partecipano a un'attività pratica di miscelazione dei colori, usando la tempera per esplorare le emozioni associate ai colori. Ogni studente crea un'opera d'arte astratta che esprime un'emozione scelta.
4. Condivisione e Riflessione: Gli studenti presentano le loro opere, discutendo le scelte cromatiche e le emozioni evocate.

Adattamento per DSA: Fornire istruzioni scritte e visive per le attività, con esempi pratici e dimostrazioni passo-passo. Utilizzare materiali tattili per aiutare nella differenziazione dei colori.

Lezione Simulata 2: "Prospettiva e Spazio: La Magia della Profondità nell'Arte"

Contesto: Quinta classe del Liceo delle Scienze Applicate. Obiettivi:

- Comprendere i principi della prospettiva lineare e aerea.
- Applicare le tecniche di prospettiva per creare l'illusione di profondità.

Attività:

1. Esplorazione Teorica: Presentazione sullo sviluppo storico della prospettiva nell'arte, con esempi da opere rinascimentali.
2. Workshop Pratico: Gli studenti realizzano disegni architettonici o paesaggi urbani, applicando le tecniche di prospettiva lineare e aerea.
3. Analisi e Critica: In piccoli gruppi, gli studenti esaminano i lavori dei compagni, discutendo l'efficacia nell'uso della prospettiva e suggerendo miglioramenti.
4. Riflessione Finale: Sessione di riflessione sull'importanza della prospettiva nell'interpretazione dello spazio e nella composizione artistica.

Adattamento per DSA: Utilizzo di strumenti digitali o applicazioni per simulare effetti di prospettiva, permettendo agli studenti di sperimentare con facilità. Breakdown delle istruzioni in step semplici e chiari.

Traccia 1: "Dall'Ombra alla Luce: Tecniche di Sfumatura nell'Arte"

Contesto: Rivolto agli studenti della seconda classe di un Istituto Superiore, questo modulo didattico esplora le tecniche artistiche che gli artisti utilizzano per creare effetti di luce e ombra nei loro lavori, con un focus specifico sulle tecniche di sfumatura.

Obiettivi:

- Introdurre i concetti di luce e ombra nell'arte.
- Imparare e applicare diverse tecniche di sfumatura utilizzando vari strumenti (matite, carboncini, estompi).

Attività:

- Analisi d'Opere: Discussione guidata su come diversi artisti hanno rappresentato luce e ombra nelle loro opere.
- Laboratorio Pratico: Esercizi di sfumatura, partendo da forme semplici a composizioni più complesse.
- Progetto Creativo: Creazione di un'opera originale che evidenzi l'uso di luce e ombra, ispirata allo stile di un artista studiato.

Adattamento per DSA: Fornire istruzioni passo-passo con supporti visivi e consentire l'utilizzo di strumenti digitali che possano facilitare la pratica della sfumatura per gli studenti con difficoltà motorie o di percezione visiva.

Traccia 2: "Espressioni del Movimento: L'Arte Cinetica e Dinamica"

Contesto: Progettata per una classe quinta del Liceo delle Scienze Applicate, questa unità didattica introduce gli studenti all'arte cinetica e alla rappresentazione del movimento nell'arte visiva.

Obiettivi:

- Comprendere la storia e i principi dell'arte cinetica.

- Esplorare metodi per rappresentare visivamente il movimento in un'opera d'arte statica.

Attività:

- Studio Teorico: Presentazione multimediale sull'evoluzione dell'arte cinetica e sui suoi esponenti principali.
- Analisi Critica: Esame di opere d'arte cinetica, discutendo come il movimento viene percepito e rappresentato.
- Workshop Creativo: Realizzazione di opere "dinamiche" utilizzando materiali tradizionali o digitali, con l'obiettivo di catturare o suggerire movimento.

Adattamento per DSA: Utilizzo di template e guide visive durante il workshop creativo per aiutare gli studenti a strutturare le loro composizioni. Possibilità di utilizzare software di grafica per sperimentare con elementi dinamici in modo più intuitivo.

CLASSE DI CONCORSO A05

Traccia 1: "Viaggio attraverso il Sistema Solare"

Contesto: Seconda classe di un Istituto Tecnico Tecnologico.
Obiettivi:

- Introdurre gli studenti alle caratteristiche principali dei corpi celesti del nostro sistema solare.
- Esplorare le dinamiche orbitali e le peculiarità di pianeti, lune e corpi minori.

Attività:

- Studio Interattivo: Utilizzo di modelli 3D e simulazioni digitali per esplorare la posizione e il movimento dei pianeti.
- Progetto di Gruppo: Ogni gruppo riceve l'incarico di creare un modello o una presentazione digitale su un pianeta

specifico, evidenziandone caratteristiche uniche e curiosità.

Adattamento per DSA: Materiale didattico supplementare sotto forma di schede riassuntive e mappe concettuali. Sessioni di tutoraggio per assistere nella comprensione e nell'elaborazione dei progetti.

Traccia 2: "La Biodiversità della Foresta Amazzonica"

Contesto: Quinta classe del Liceo delle Scienze Applicate. Obiettivi:

- Studiare l'ecosistema della foresta amazzonica, con enfasi sulla sua biodiversità e sui meccanismi di adattamento delle specie.
- Discutere le minacce alla biodiversità e le strategie di conservazione.

Attività:

- Ricerca e Discussione: Analisi delle interazioni tra specie nella foresta amazzonica e l'impatto delle attività umane sull'ecosistema.
- Laboratorio di Biologia: Esame di campioni biologici (virtuale o reale) per studiare le caratteristiche delle specie della foresta amazzonica.

Adattamento per DSA: Utilizzo di strumenti visivi come video documentari e infografiche. Attività pratiche in laboratorio con istruzioni passo-passo e assistenza personalizzata.

Lezione Simulata 1: "Gli Elementi Chimici e la Tavola Periodica"

Contesto: Classe seconda di un Istituto Superiore. Obiettivi:

- Introdurre la tavola periodica e la classificazione degli

elementi chimici.

- Esplorare le proprietà e gli usi di diversi elementi chimici nella vita quotidiana.

Attività:

1. Lezione Interattiva: Presentazione delle origini della tavola periodica e del significato della disposizione degli elementi.
2. Gioco Didattico: "Caccia all'elemento", una gara a squadre per associare elementi chimici a oggetti comuni.
3. Esperimento in Classe: Dimostrazioni semplici che evidenziano reazioni chimiche (es. reazione del sodio con l'acqua).

Adattamento per DSA: Spiegazioni supportate da materiale visuale, come diagrammi e animazioni. Esperimenti condotti con istruzioni scritte chiare e supervisione diretta.

Lezione Simulata 2: "Cicli Biogeo chimici e Sostenibilità Ambientale"

Contesto: Quinta classe del Liceo delle Scienze Applicate. Obiettivi:

- Comprendere i cicli dell'acqua, del carbonio, dell'azoto e del fosforo e il loro ruolo negli ecosistemi.
- Riflettere sull'impatto delle attività umane sui cicli biogeo chimici e discutere pratiche di sostenibilità.

Attività:

- Discussione Guidata: Analisi dei cicli biogeo chimici con esempi specifici di interruzioni causate dall'uomo.
- Attività di Gruppo: Progettazione di una campagna di sensibilizzazione sulla sostenibilità ambientale, focalizzata su uno dei cicli studiati.

- Presentazioni: Condivisione dei progetti con la classe, discussione collettiva sui modi per promuovere comportamenti sostenibili.

CLASSE DI CONCORSO A11

Traccia 1

Il candidato simuli una lezione che tratti la Subordinata Infinitiva. Partendo da frasi dall'italiano e dal latino evidenzi le differenze del costrutto rispetto alla lingua italiana e francese e, se lo ritiene necessario, inserisca la trattazione di tale subordinata nello spettro più ampio delle Completive/Dichiarative. Immagini di tenere la lezione in una Seconda Liceo Linguistico con 22 alunni.

Il candidato dovrà esplicitare la progettazione didattica nelle sue diverse fasi (tipo di istituto, classe, collocazione nel piano di lavoro, obiettivi e competenze, svolgimento, verifiche, eventuali modalità di recupero, eventuali raffronti con l'attualità), utilizzando le opportune metodologie didattiche e avvalendosi delle tecnologie dell'informazione e della comunicazione (TIC). Il candidato dovrà tenere in considerazione le caratteristiche del gruppo classe, avvalendosi di metodologie inclusive adeguate per includere uno studente proveniente da Istituto Tecnico.

Traccia 2

Ipse eorum opinionibus accedo, qui Germaniae populos nullis aliis aliarum nationum conubiis infectos propriam et sinceram et tantum sui similem gentem exstitisse arbitrantur. Unde habitus quoque corporum, tamquam in tanto hominum numero, idem omnibus: truces et caerulei oculi, rutilae comae, magna corpora et tantum ad impetum valida: laboris atque operum non eadem patientia, minimeque sitim aestumque tolerare, frigora atque inediam caelo solove adsueverunt.

Partendo dal commento del testo proposto tratto dalla "Germania" di Tacito, il candidato, con un percorso multimediale, metta in evidenza l'ideologia che ne sta alla base e richiami altre opere della letteratura latina che presentino spunti di tipo etnografico ed evidenzino il rapporto civiltà \ barbarie, magari presenti anche in altre letterature. Immagini di rivolgersi ad una classe quinta di Liceo Scientifico di 18 elementi.

Il candidato dovrà esplicitare la progettazione didattica nelle sue diverse fasi (tipo di istituto, classe, collocazione nel piano di lavoro, obiettivi e competenze, svolgimento, verifiche, eventuali modalità di recupero, eventuali raffronti con l'attualità), utilizzando le opportune metodologie didattiche e avvalendosi delle tecnologie dell'informazione e della comunicazione (TIC). Il candidato dovrà tenere in considerazione le caratteristiche del gruppo classe, avvalendosi di metodologie inclusive adeguate per includere uno studente DSA.

Traccia 3

Il candidato dovrà evidenziare la figura dell'Oratore che emerge dalle opere di Cicerone, scegliendo testi in lingua e in traduzione che meglio la esemplifichino. Potrà riferirsi ad altri autori delle Letterature Latina e Greca che ne trattino ed infine potrà attualizzarla con richiami alla contemporaneità. Immagini di rivolgersi ad una classe terza di Liceo Linguistico di 20 elementi.

Il candidato dovrà esplicitare la progettazione didattica nelle sue diverse fasi (tipo di istituto, classe, collocazione nel piano di lavoro, obiettivi e competenze, svolgimento, verifiche, eventuali modalità di recupero, eventuali raffronti con l'attualità), utilizzando le opportune metodologie didattiche e avvalendosi delle tecnologie dell'informazione e della comunicazione (TIC). Il candidato dovrà tenere in considerazione le caratteristiche del gruppo classe, avvalendosi di metodologie inclusive adeguate per includere uno studente BES.

Traccia 4

Il candidato proponga ad una classe Terza di Liceo Scientifico di 22 elementi la lettura integrale in lingua italiana di un testo a sua scelta della Letteratura Latina di cui selezionerà alcuni brani da presentare in lingua originale con particolare attenzione al meccanismo della traduzione anche attraverso il confronto fra passi d'autore.

Il candidato dovrà esplicitare la progettazione didattica nelle sue diverse fasi (tipo di istituto, classe, collocazione nel piano di lavoro, obiettivi e competenze, svolgimento, verifiche, eventuali modalità di recupero, eventuali raffronti con l'attualità), utilizzando le opportune metodologie didattiche e avvalendosi delle tecnologie dell'informazione e della comunicazione (TIC). Il candidato dovrà tenere in considerazione le caratteristiche del gruppo classe, avvalendosi di metodologie inclusive adeguate per includere uno studente non madre lingua italiana (BES).

Traccia 5

Il Candidato costruisca un percorso interdisciplinare e multimediale sul ruolo della donna in età romana, predisponendo una selezione di testi – anche in traduzione – e indicando quali altre discipline coinvolgere.

Il candidato dovrà esplicitare la progettazione didattica nelle sue diverse fasi (tipo di istituto, classe, collocazione nel piano di lavoro, svolgimento, verifiche, eventuali modalità di recupero, eventuali collegamenti interdisciplinari), indicando obiettivi e competenze da sviluppare, utilizzando le opportune metodologie didattiche e avvalendosi delle tecnologie dell'informazione e della comunicazione (TIC). Il candidato dovrà tenere in considerazione le caratteristiche del gruppo classe, spiegando in particolare attraverso quali strategie inclusive intenderebbe valorizzare la presenza di un'alunna BES (straniera di religione musulmana).

Traccia 6

Il Candidato, partendo dalla figura della meretrice in Plauto (Mostellaria) e Terenzio (Hecyra), ipotizzi una lezione multimediale che ponga a confronto la poetica dei due autori. Il candidato dovrà esplicitare la progettazione didattica nelle sue diverse fasi (tipo di istituto, classe, collocazione nel piano di lavoro, svolgimento, verifiche, eventuali modalità di recupero, eventuali collegamenti interdisciplinari), indicando obiettivi e competenze da sviluppare, utilizzando le opportune metodologie didattiche e avvalendosi delle tecnologie dell'informazione e della comunicazione (TIC).

Il candidato dovrà tenere in considerazione le caratteristiche del gruppo classe, prevedendo la predisposizione di materiali (sintesi, mappe, schemi, etc.) da fornire in anticipo ad un alunno DSA.

Traccia 7

Il Candidato sviluppi un percorso didattico sulle Metamorfosi di Ovidio, prevedendo di affrontare il tema anche con la lettura di autori a Sua scelta, tratti dalla letteratura italiana ed europea.

Il candidato dovrà esplicitare la progettazione didattica nelle sue diverse fasi (tipo di istituto, classe, collocazione nel piano di lavoro, svolgimento, verifiche, eventuali modalità di recupero, eventuali collegamenti interdisciplinari), indicando obiettivi e competenze da sviluppare, utilizzando le opportune metodologie didattiche e avvalendosi delle tecnologie dell'informazione e della comunicazione (TIC).

Il candidato dovrà tenere in considerazione le caratteristiche del gruppo classe, tenendo presente che tra gli allievi sono presenti due alunni stranieri madre lingua spagnola (BES), per i quali si devono indicare opportune strategie di inclusione.

Traccia 8

Il cCandidato simuli una lezione sulla figura del princeps nel De clementia di Seneca, operando opportuni confronti con Cicerone e selezionando i passi, anche in traduzione, che intende proporre alla classe; chiarisca, inoltre, se e come l'argomento possa essere attualizzato.

Il candidato dovrà esplicitare la progettazione didattica nelle sue diverse fasi (tipo di istituto, classe, collocazione nel piano di lavoro, svolgimento, verifiche, eventuali modalità di recupero, eventuali collegamenti interdisciplinari), indicando obiettivi e competenze da sviluppare, utilizzando le opportune metodologie didattiche e avvalendosi delle tecnologie dell'informazione e della comunicazione (TIC).

Il candidato dovrà tenere in considerazione le caratteristiche del gruppo classe, che comprende un alunno DSA per cui indicare strumenti compensativi informatici.

CL
AS
SE
DI
CO
NC
OR
SO
A2
o

Traccia 1

Il candidato, scegliendo un argomento disciplinare riguardante l'area tematica "Elettrostatica", simuli una lezione in laboratorio nell'ambito di un'unità di apprendimento, utilizzando opportune metodologie didattiche e avvalendosi di tecnologie dell'informazione e della comunicazione. I destinatari sono gli studenti di una classe seconda dell'istruzione tecnica, settore tecnologico. La classe è composta da 25 alunni, che attualmente sono poco motivati allo studio. E' presente inoltre un alunno straniero arrivato da pochi mesi.

Traccia 2

Il candidato, scegliendo un argomento disciplinare riguardante la tematica "Il moto dei corpi", simuli una lezione nell'ambito di un'unità di apprendimento, utilizzando opportune metodologie didattiche e avvalendosi di tecnologie dell'informazione e della comunicazione. I destinatari sono gli studenti di una classe prima di un Istituto tecnico, settore tecnologico, indirizzo elettronica ed elettrotecnica. La classe è composta da 25 alunni, che presentano difficoltà nella conoscenza dei prerequisiti matematici. E' presente inoltre un alunno straniero con scarse conoscenze della lingua italiana.

Traccia 3

Il candidato, scegliendo un argomento disciplinare riguardante la tematica "Termometria e calorimetria", simuli una lezione nell'ambito di un'unità di apprendimento, utilizzando opportune metodologie didattiche e avvalendosi di tecnologie dell'informazione e della comunicazione. La lezione simulata deve essere svolta in laboratorio da una classe seconda dell'istruzione tecnica, settore tecnologico, composta da 27 alunni di cui 3 con bisogni educativi speciali in quanto studenti extracomunitari con scarsa conoscenza della lingua italiana.

Traccia 4

Il candidato, scegliendo un argomento disciplinare

riguardante la tematica "Onde elettromagnetiche", simuli
una lezione nell'ambito di un'unità di apprendimento,
utilizzando

opportune metodologie didattiche e avvalendosi di tecnologie
dell'informazione e della comunicazione. La lezione va
strutturata per una classe di 20 alunni frequentanti il secondo
anno di un istituto tecnico, settore tecnologico, indirizzo
informatica e telecomunicazioni. Nella classe è presente un
alunno con PEI con una diagnosi con lievi deficit cognitivi.

CLASSE DI CONCORSO A12

Traccia 1: "L'Evoluzione della Democrazia nella Storia"

Contesto: Rivolta agli studenti della seconda classe di scuola media,
questa traccia propone un viaggio attraverso il tempo per esplorare
l'evoluzione del concetto di democrazia, dalle sue radici nell'antica
Grecia fino alla sua incarnazione nei sistemi politici moderni. Gli
studenti vengono invitati a riflettere su come la democrazia abbia
plasmato le società nel corso dei secoli e su quali siano i valori e le
sfide che ancora oggi la caratterizzano.

Approfondimento: Inizia con una discussione guidata in classe che
introduca gli studenti alle origini della democrazia ad Atene,
evidenziando come questo sistema politico abbia cercato di
garantire la partecipazione dei cittadini alle decisioni collettive.
Utilizza esempi storici per mostrare come la democrazia si sia
evoluta, affrontando contestualmente le sfide e le criticità emerse
nei vari periodi storici, fino ad arrivare alla complessità dei sistemi
democratici contemporanei.

Attività Pratica: Proponi la creazione di un progetto multimediale, come un murale o una presentazione digitale, in cui gli studenti collaborano per rappresentare visivamente la cronologia degli eventi chiave che hanno segnato l'evoluzione della democrazia. Ogni gruppo può concentrarsi su un'epoca o un aspetto specifico, come i movimenti per i diritti civili, le rivoluzioni democratiche, o l'importanza del voto.

Adattamenti per DSA: Per supportare gli studenti con DSA, è fondamentale offrire materiali didattici accessibili, come testi semplificati, mappe concettuali chiare e strumenti visivi che possano aiutare a organizzare e sintetizzare le informazioni. Durante le attività di gruppo, assicurati che ci sia una chiara divisione dei compiti, fornendo istruzioni dettagliate e supporto costante per facilitare la partecipazione di tutti.

Traccia 2: "Viaggio attraverso le Regioni Italiane"

Contesto: Destinata agli studenti della terza classe, questa traccia invita a esplorare la ricchezza culturale, geografica e gastronomica delle varie regioni italiane. L'obiettivo è promuovere una maggiore consapevolezza dell'identità nazionale attraverso la valorizzazione delle diversità regionali, stimolando al contempo la curiosità e il rispetto per le varie tradizioni locali.

Approfondimento: Organizza una serie di attività di ricerca dove ogni gruppo di studenti si focalizza su una specifica regione italiana. Gli studenti sono chiamati a investigare non solo gli aspetti geografici, come morfologia del territorio e clima, ma anche elementi culturali distintivi, tradizioni, eventi storici rilevanti, e peculiarità gastronomiche. Questo lavoro di ricerca culmina nella preparazione di una presentazione che includa non solo dati e informazioni, ma anche elementi multimediali come foto, musiche tradizionali, e magari ricette tipiche.

Festival delle Regioni: L'apice del progetto è la realizzazione di un "Festival delle Regioni" in classe, dove gli studenti hanno l'opportunità di presentare quanto appreso, arricchendo la loro esposizione con assaggi di piatti tipici (nel rispetto delle norme di sicurezza e igiene) e materiali culturali. Questo momento diventa un'occasione di condivisione e apprendimento collettivo, in cui ciascuno può esplorare e apprezzare la diversità che caratterizza il nostro paese.

Adattamenti per DSA: Per facilitare l'inclusione degli studenti con DSA, è importante strutturare il lavoro di ricerca con indicazioni precise e supporti didattici mirati, come schede informative semplificate

CLASSE DI CONCORSO A19

Traccia 1: "La Natura del Conflitto: Approcci Filosofici e Psicologici"

Contesto: Destinata agli studenti della seconda classe di scuola secondaria di secondo grado, questa traccia invita a esplorare il tema del conflitto da una prospettiva filosofica e psicologica. Si mira a comprendere come diverse scuole di pensiero abbiano interpretato la natura dei conflitti umani e quali strategie possono essere adottate per la loro risoluzione.

Approfondimento: Introduce il concetto di conflitto attraverso la lettura e la discussione di testi filosofici e psicologici selezionati, che offrono diverse interpretazioni e soluzioni al fenomeno. Attraverso un approccio dialogico, gli studenti sono stimolati a riflettere sulle cause profonde dei conflitti, sulle dinamiche relazionali che li alimentano e sulle possibili vie di superamento, dal perdono alla mediazione.

Attività Pratica: Guida gli studenti nella creazione di un "Laboratorio del Dialogo", uno spazio in cui praticare tecniche di ascolto attivo, empatia e negoziazione. Il laboratorio può culminare in un progetto di classe che preveda la messa in scena di scenari conflittuali e la loro risoluzione attraverso le strategie discusse.

Adattamenti per DSA: Offri supporto attraverso la fornitura di materiali didattici strutturati in modo chiaro, con riassunti dei concetti chiave e glossari. Durante le attività di gruppo, assicura che gli studenti con DSA abbiano ruoli ben definiti e ricevano istruzioni dettagliate per facilitare la loro partecipazione efficace.

Traccia 2: "L'Identità nell'Èra Digitale: Una Prospettiva Educativa"

Contesto: Pensata per gli studenti della quinta classe, questa traccia affronta il tema dell'identità personale e collettiva nell'era digitale, esplorando come le tecnologie e i social media influenzino la percezione di sé e le interazioni sociali.

Approfondimento: Attraverso una serie di letture e materiali multimediali, si analizza l'impatto delle tecnologie digitali sullo sviluppo dell'identità, con un focus particolare sui giovani. Si discute di questioni come la costruzione dell'immagine di sé online, la privacy, il cyberbullismo e la ricerca di appartenenza e riconoscimento in rete.

Attività Pratica: Organizza workshop interattivi in cui gli studenti possono esprimere le proprie esperienze e riflessioni attraverso la creazione di blog, video o presentazioni digitali che esplorino le sfide e le opportunità legate all'identità digitale. Incoraggia la critica costruttiva e il dibattito su come navigare consapevolmente l'ambiente digitale.

Adattamenti per DSA: Usa strumenti digitali intuitivi e accessibili per le attività creative, assicurandoti di fornire tutorial e assistenza tecnica. Presenta i concetti chiave in formati diversi (testuali, audio, video) per accomodare stili di apprendimento differenti e facilitare la comprensione.

Lezione Simulata 1: "La Filosofia di Socrate: Un Approccio al Sapere"

Approfondisci la figura di Socrate e il suo metodo dialettico, ponendo l'accento sul valore del dialogo e della maieutica nella ricerca della verità. Attraverso discussioni guidate e role-play, gli studenti possono sperimentare direttamente l'approccio socratico, imparando l'importanza di interrogare e riflettere criticamente sulle proprie convinzioni e su quelle altrui e proseguendo con la simulazione di un agone filosofico in classe, dove gli studenti, divisi in gruppi, presentano argomentazioni su tematiche etiche contemporanee, ispirandosi allo stile interrogativo socratico. Questo tipo di attività mira a sviluppare non solo abilità retoriche ma anche un approccio critico e riflessivo verso temi complessi, promuovendo l'ascolto attivo e il rispetto delle diverse opinioni.

Lezione Simulata 2: "Psicologia dello Sviluppo: Le Fasi dell'Infanzia all'Adolescenza"

Questo modulo didattico si concentra sulle teorie dello sviluppo psicologico da Freud a Piaget, passando per Erikson, per esplorare come bambini e adolescenti crescono e cambiano nel tempo, sia a livello cognitivo che emotivo. Attraverso l'uso di studi di caso e osservazioni, gli studenti vengono guidati nell'analisi delle diverse fasi dello sviluppo, comprendendo come queste influenzino comportamenti, apprendimento e relazioni interpersonali.

L'approfondimento include attività come la creazione di diari di osservazione su casi ipotetici o la discussione guidata su scenari che implicano dilemmi etici legati allo sviluppo e all'educazione. Gli studenti possono anche essere invitati a riflettere sul proprio percorso di crescita, collegando teoria e vissuto personale in modo creativo e introspectivo.

Adattamenti per DSA: Durante entrambe le lezioni simulate, è cruciale adottare strategie inclusive che tengano conto delle diverse esigenze degli studenti con DSA. Questo può tradursi nell'utilizzo di materiali didattici vari (visivi, auditivi, tattili) per facilitare l'apprendimento, nell'offrire istruzioni chiare e step-by-step, e nel garantire un ambiente di apprendimento supportivo, dove ogni studente si senta valorizzato e parte attiva del processo educativo. La personalizzazione delle attività, consentendo diverse modalità di espressione e valutazione, assicura che tutti gli studenti possano dimostrare pienamente le loro competenze e il loro impegno nel percorso di apprendimento.

CLASSE DI CONCORSO A21

Traccia 1

Si simuli una lezione, da applicarsi ad una seconda classe di un Istituto Tecnico del settore Economico, relativamente al tema: l'urbanizzazione. Si sollecita l'uso di metodologie di didattica laboratoriale Si analizzi in particolare il caso di una classe con presenza di alunni DSA, individuando metodologie e strumenti.

Traccia 2

Si simuli una lezione, da applicarsi ad una seconda classe di un Istituto Tecnico del settore Economico, relativamente al tema: la transizione demografica. Si sollecita l'uso di metodologie di didattica laboratoriale Si analizzi in particolare il caso di una classe con presenza di alunni DSA, individuando metodologie e strumenti.

CLASSE DI CONCORSO A22

Traccia 1: "Le Correnti Letterarie Italiane attraverso i Secoli"

Contesto: Destinata agli studenti della seconda classe, questa traccia invita a esplorare le diverse correnti letterarie italiane, dalla nascita del volgare fino alla letteratura contemporanea, evidenziando come ogni corrente rifletta le trasformazioni sociali, culturali e storiche del suo tempo.

Approfondimento: Attraverso un percorso che include letture selezionate, analisi testuale e confronti tra diversi autori e opere, gli studenti sono chiamati a identificare i tratti distintivi di ciascuna corrente, comprendendo come la letteratura possa essere specchio delle evoluzioni della società italiana. L'attività può prevedere la creazione di una mappa concettuale collaborativa che colleghi autori, opere, correnti e contesti storici.

Attività Pratica: Proporre agli studenti di realizzare presentazioni multimediali o digital storytelling che raccontino l'evoluzione della letteratura italiana attraverso i secoli, utilizzando citazioni, immagini, e magari brevi rappresentazioni teatrali di dialoghi famosi, per rendere vivo il legame tra testo letterario e contesto storico-culturale.

Traccia 2: "La Formazione dell'Identità Nazionale Italiana: Dall'Unità a Oggi"

Contesto: Pensata per gli studenti della quinta classe, questa traccia si concentra sul concetto di identità nazionale italiana, analizzando come essa si sia sviluppata e trasformata dall'Unità d'Italia ai giorni nostri, attraverso momenti storici chiave, figure di spicco e movimenti culturali.

Approfondimento: Un approccio multidisciplinare che integri storia, letteratura e geografia per offrire una visione complessiva delle dinamiche che hanno contribuito alla formazione e all'evoluzione dell'identità nazionale. L'analisi può includere la discussione su come eventi storici, migrazioni, cambiamenti economici e tensioni sociali abbiano influenzato la percezione dell'italianità.

Attività Pratica: Organizzare dibattiti in classe o progetti di ricerca in cui gli studenti esplorino diversi aspetti dell'identità nazionale, come il regionalismo, l'immigrazione, e il ruolo dell'Italia nel contesto europeo e globale. Gli studenti possono anche essere invitati a intervistare familiari o membri della comunità per raccogliere storie personali che riflettano la diversità dell'esperienza italiana.

Lezione Simulata 1: "I Viaggi di Esplorazione Geografica e il Loro Impatto sul Mondo Moderno"

Contesto: Seconda classe di scuola secondaria di secondo grado. Obiettivi: Esaminare i grandi viaggi di esplorazione dal XV al XVII secolo, focalizzandosi sulle conseguenze geografiche, culturali e economiche di queste imprese sulle società contemporanee.

Approfondimento: Utilizzare mappe storiche, diari di viaggio, e altri documenti d'epoca per illustrare le rotte esplorative e le scoperte geografiche. Discutere l'impatto degli incontri tra diverse culture e le implicazioni dell'espansione europea sulle popolazioni indigene e sull'ambiente.

Attività Pratica: Incoraggiare gli studenti a creare progetti multimediali che raccontino una specifica spedizione di esplorazione, evidenziandone gli aspetti positivi e negativi. Promuovere l'uso di risorse digitali per una rappresentazione interattiva delle esplorazioni e dei loro effetti a lungo termine.

Lezione Simulata 2

Cambiamento Sociale nell'Europa del XIX Secolo"

Contesto: Quinta classe di scuola secondaria di secondo grado.

Obiettivi: Analizzare le diverse rivoluzioni del XIX secolo in Europa, con un focus particolare sulle loro cause, sviluppo, e impatto sul cambiamento sociale e politico, nonché sulla formazione degli stati nazionali moderni.

Approfondimento: Discutere le premesse delle rivoluzioni, partendo dalla Rivoluzione Francese e arrivando fino alla Primavera dei Popoli, esaminando il contesto storico, le ideologie e i movimenti che hanno alimentato queste trasformazioni. Sottolineare come queste rivoluzioni abbiano portato alla diffusione di nuove idee politiche e sociali, influenzando la struttura dei governi e i diritti civili.

Attività Pratica: Invitare gli studenti a lavorare su progetti di gruppo che mettano in parallelo le rivoluzioni europee con eventi storici contemporanei che presentano tematiche simili di lotta per i diritti e il cambiamento sociale. Questi progetti possono prendere la forma di presentazioni, dibattiti, o la creazione di giornali murali che esplorino le connessioni tra passato e presente.

Adattamenti per DSA: È fondamentale fornire strumenti e risorse didattiche che siano accessibili e inclusivi. Questo può includere la predisposizione di materiali di lettura in formati facilmente leggibili, l'uso di tecnologie assistive per le presentazioni, e la strutturazione delle attività di gruppo in modo che ogni studente possa contribuire secondo le proprie capacità e punti di forza. È importante anche stabilire un clima di classe che incoraggi la partecipazione attiva e rispettosa, creando un ambiente di apprendimento positivo e stimolante per tutti.

In entrambe le lezioni simulate e le tracce proposte, l'obiettivo è quello di offrire agli studenti opportunità di apprendimento ricche e variegate, che stimolino la curiosità intellettuale, sviluppino competenze critiche e comunicative, e promuovano una comprensione profonda dei temi trattati. L'inclusione di adattamenti per studenti con DSA garantisce che l'apprendimento sia accessibile e significativo per tutti gli studenti, permettendo loro di esplorare e interagire con il materiale didattico in modi che rispettino le loro esigenze individuali.

CLASSE DI CONCORSO A23

Traccia 1: "L'Influenza della Cultura Anglofona nel Mondo

Contemporaneo"

Contesto: Destinata agli studenti della seconda classe, questa traccia propone un'indagine sull'impatto e l'influenza della cultura anglofona a livello globale, esaminando come essa si manifesti in vari ambiti come l'arte, la musica, la tecnologia, e la politica.

Approfondimento: Si inizia con una panoramica dell'espansione della lingua inglese e della sua evoluzione come lingua franca a livello mondiale. Gli studenti sono invitati a riflettere sull'importanza della lingua inglese nei contesti internazionali e sulle implicazioni culturali di tale predominio.

Attività Pratica: Gli studenti possono essere divisi in gruppi per lavorare su progetti che esplorino specifiche manifestazioni della cultura anglofona nel mondo contemporaneo. Questo potrebbe includere la preparazione di presentazioni su artisti anglofoni influenti, l'analisi dell'uso dell'inglese nei media digitali, o la discussione sull'impatto culturale di invenzioni e scoperte scientifiche provenienti dal mondo anglofono.

Traccia 2: "Confronto tra Festività Tradizionali in Diverse Culture"

Contesto: Pensata per gli studenti della quinta classe, questa traccia mira a esplorare le tradizioni e le festività in diverse culture, con un focus particolare sul confronto con quelle della cultura di studio. L'obiettivo è promuovere la comprensione e l'apprezzamento delle differenze culturali attraverso lo studio delle tradizioni festive.

Approfondimento: Gli studenti conducono ricerche su specifiche festività tradizionali in paesi di lingua inglese, confrontandole con festività analoghe nel proprio paese o in altre culture. L'analisi dovrebbe toccare aspetti come le origini delle festività, i modi di celebrazione, e i valori e significati ad esse associati.

Attività Pratica: La classe potrebbe organizzare un "Festival delle Festività", dove ogni gruppo presenta la festività oggetto della propria ricerca, magari attraverso degustazioni di cibi tipici, dimostrazioni di danze o musiche tradizionali, e racconti delle storie e leggende associate alla festività.

Lezione Simulata 1: "Introduzione alla Letteratura Inglese: Da Shakespeare a Oggi"

Contesto: Seconda classe di scuola secondaria di secondo grado.
Obiettivi: Offrire una panoramica della letteratura inglese, evidenziando l'evoluzione di temi, stili, e generi letterari attraverso i secoli. Particolare attenzione viene data alla capacità degli studenti di analizzare e interpretare testi letterari in lingua originale.

Approfondimento: Si parte dall'analisi di opere di Shakespeare, esplorando la ricchezza linguistica e la profondità dei temi trattati, per poi procedere verso autori moderni e contemporanei, sottolineando come la letteratura rifletta e influenzi la società in diversi periodi storici.

Attività Pratica: Gli studenti vengono coinvolti in attività di lettura critica e discussione di brani selezionati, incentivando la produzione di testi critici personali o la messa in scena di brevi adattamenti teatrali basati su opere studiate.

CLASSE DI CONCORSO A26

Traccia 1

"Calcolo combinatorio". Esporre in trenta minuti la progettazione di un percorso che espliciti le modalità didattiche, comprensiva dell'illustrazione delle scelte contenutistiche, metodologiche e di valutazione compiute e di esempi di utilizzo pratico delle Tecnologie dell'Informazione e della Comunicazione. Definire la classe (o le classi) alla quale rivolgere l'attività.

Prevedere che i destinatari siano studenti di una classe costituita da 25 alunni tra i quali tre alunni con bisogni educativi speciali (BES) e un alunno con disturbi specifici di apprendimento (DSA).

Verrà inoltre accertata la capacità di comprensione e conversazione in lingua inglese almeno a livello B2 del QCER.

CLASSE DI CONCORSO A27

Traccia 1

"Luoghi di punti nel piano cartesiano: retta e coniche". Esporre in trenta minuti la progettazione di una attività didattica in cui siano esplicitate le scelte contenutistiche, didattiche e metodologiche adottate, evidenziando laddove possibile i collegamenti tra le due discipline (Matematica e Fisica) e fornendo esempi di utilizzo pratico delle Tecnologie dell'Informazione e della Comunicazione.

Prevedere che i destinatari siano studenti di una classe costituita da 25 alunni tra i quali tre alunni con difficoltà di apprendimento (BES) e un alunno con disturbi di apprendimento (DSA).

Verrà inoltre accertata la capacità di comprensione e conversazione in lingua inglese almeno a livello B2 del QCER.

Traccia 2

"Moto di cariche in un campo elettrico e/o magnetico". Esporre in trenta minuti la progettazione di una attività didattica in cui siano esplicitate le scelte contenutistiche, didattiche e metodologiche adottate, evidenziando laddove possibile i collegamenti tra le due discipline (Matematica e Fisica) e fornendo esempi di utilizzo pratico delle Tecnologie dell'Informazione e della Comunicazione.

Prevedere che i destinatari siano studenti di una classe costituita da 25 alunni tra i quali tre alunni con difficoltà di apprendimento (BES) e un alunno con disturbi di apprendimento (DSA).

Verrà inoltre accertata la capacità di comprensione e conversazione in lingua inglese almeno a livello B2 del QCER.

Traccia 3

Esporre in trenta minuti la progettazione di una attività didattica in cui siano esplicitate le scelte contenutistiche, didattiche e metodologiche adottate, evidenziando laddove possibile i collegamenti tra le due discipline (Matematica e Fisica) e fornendo esempi di utilizzo pratico delle Tecnologie dell'Informazione e della Comunicazione.

Prevedere che i destinatari siano studenti di una classe costituita da 25 alunni tra i quali tre alunni con difficoltà di apprendimento (BES) e un alunno con disturbi di apprendimento (DSA).

Verrà inoltre accertata la capacità di comprensione e conversazione in lingua inglese almeno a livello B2 del QCER.

CLASSE DI CONCORSO A28

Traccia 1

"La proporzionalità: funzioni matematiche ed utilizzo nel reale".

Esporre in trenta minuti la progettazione di un'attività didattica in cui siano esplicitate le scelte contenutistiche, didattiche e metodologiche adottate, evidenziando laddove possibile i collegamenti tra le due discipline (matematica e scienze) e fornendo esempi di utilizzo pratico delle Tecnologie dell'Informazione e della Comunicazione.

Prevedere che i destinatari siano studenti di una classe costituita da 20 alunni tra i quali due alunni con difficoltà di apprendimento (Bes) e tre alunni con disturbi di apprendimento (DSA).

Al termine della presentazione dell'attività didattica, verrà accertata la capacità di comprensione e conversazione in lingua inglese almeno al livello B2 del QCER. La commissione potrà interloquire con il candidato sia durante l'esposizione, sia al termine della stessa. Il colloquio orale avrà una durata massima di quarantacinque minuti.

Traccia 2

"Atomi e molecole : struttura , legami e principali modelli atomici".

Esporre in trenta minuti la progettazione di un'attività didattica in cui siano esplicitate le scelte contenutistiche, didattiche e metodologiche adottate, evidenziando laddove possibile i collegamenti tra le due discipline (matematica e scienze) e fornendo esempi di utilizzo pratico delle Tecnologie dell'Informazione e della Comunicazione.

Prevedere che i destinatari siano studenti di una classe costituita da 21 alunni tra i quali tre alunni con disturbi di apprendimento (DSA) e due alunni con disabilità ai sensi della legge 104/92.

Al termine della presentazione dell'attività didattica, verrà accertata la capacità di comprensione e conversazione in lingua inglese almeno al livello B2 del QCER. La commissione potrà interloquire con il candidato sia durante l'esposizione, sia al termine della stessa. Il colloquio orale avrà una durata massima di quarantacinque minuti.

Traccia 3

"La sostenibilità ambientale: economia circolare".

Esporre in trenta minuti la progettazione di un'attività didattica in cui siano esplicitate le scelte contenutistiche, didattiche e metodologiche adottate, evidenziando laddove possibile i collegamenti tra le due discipline (matematica e scienze) e fornendo esempi di utilizzo pratico delle Tecnologie dell'Informazione e della Comunicazione.

Prevedere che i destinatari siano studenti di una classe costituita da 20 alunni tra i quali quattro con difficoltà di apprendimento (Bes) e un alunno con disturbi di apprendimento (DSA).

Al termine della presentazione dell'attività didattica, verrà accertata la capacità di comprensione e conversazione in lingua inglese almeno al livello B2 del QCER. La commissione potrà interloquire con il candidato sia durante l'esposizione, sia al termine della stessa. Il colloquio orale avrà una durata massima di quarantacinque minuti.

Traccia 4

"Le principali proprietà della luce".

Esporre in trenta minuti la progettazione di un'attività didattica in cui siano esplicitate le scelte contenutistiche, didattiche e metodologiche adottate, evidenziando laddove possibile i collegamenti tra le due discipline (matematica e scienze) e fornendo esempi di utilizzo pratico delle Tecnologie dell'Informazione e della Comunicazione.

Prevedere che i destinatari siano studenti di una classe

costituita da 21 alunni tra i quali due alunni con disabilità ai sensi della legge 104/92.e tre alunni con difficoltà di apprendimento (Bes) .

Al termine della presentazione dell'attività didattica, verrà accertata la capacità di comprensione e conversazione in lingua inglese almeno al livello B2 del QCER. La commissione potrà interloquire con il candidato sia durante l'esposizione, sia al termine della stessa. Il colloquio orale avrà una durata massima di quarantacinque minuti.

Traccia 5

"I viventi: caratteristiche e classificazione".

Esporre in trenta minuti la progettazione di un'attività didattica in cui siano esplicitate le scelte contenutistiche, didattiche e metodologiche adottate, evidenziando laddove possibile i collegamenti tra le due discipline (matematica e scienze) e fornendo esempi di utilizzo pratico delle Tecnologie dell'Informazione e della Comunicazione.

Prevedere che i destinatari siano studenti di una classe costituita da 23 alunni tra i quali tre alunni con difficoltà di apprendimento (Bes) e due alunni con disturbi di apprendimento (DSA).

Al termine della presentazione dell'attività didattica, verrà accertata la capacità di comprensione e conversazione in lingua inglese almeno al livello B2 del QCER. La commissione potrà interloquire con il candidato sia durante l'esposizione, sia al termine della stessa. Il colloquio orale avrà una durata massima di quarantacinque minuti.

Traccia 6

"Il Teorema di Pitagora e le sue applicazioni".

Esporre in trenta minuti la progettazione di un'attività didattica in cui siano esplicitate le scelte contenutistiche, didattiche e metodologiche adottate, evidenziando laddove possibile i collegamenti tra le due discipline (matematica e scienze) e fornendo esempi di utilizzo pratico delle Tecnologie dell'Informazione e della Comunicazione.

Prevedere che i destinatari siano studenti di una classe costituita da 22 alunni tra i quali un alunno con difficoltà di apprendimento (Bes), un alunno con disturbi di apprendimento (DSA) ed un alunno con disabilità ai sensi della legge 104/92.

Al termine della presentazione dell'attività didattica, verrà accertata la capacità di comprensione e conversazione in lingua inglese almeno al livello B2 del QCER. La commissione potrà interloquire con il candidato sia durante l'esposizione, sia al termine della stessa. Il colloquio orale avrà una durata massima di quarantacinque minuti.

CLASSE DI CONCORSO
A01 - A17 ambito
disciplinare 1

Traccia 1

IL CANDIDATO PRESENTI UNA LEZIONE DELLA DURATA DI 35 MINUTI AL MASSIMO, RIVOLTA AD UNA CLASSE A SCELTA DELLA SCUOLA SECONDARIA INFERIORE O SUPERIORE, CHE RIGUARDI IL SEGUENTE ARGOMENTO:

• Il Dadaismo come forma di protesta e rifiuto della realtà durante la prima guerra mondiale. Inoltre il Candidato, utilizzando la casa parigina progettata da Adolf Loos per Tristan Tzara nel 1926, illustri il linguaggio delle assonometrie, in particolare un confronto tra l'assonometria isometrica e quella cavaliera.

ANDRANNO INIZIALMENTE ILLUSTRATE LE SCELTE CONTENUTISTICHE, DIDATTICHE E METODOLOGICHE.

Traccia 2

IL CANDIDATO PRESENTI UNA LEZIONE DELLA DURATA DI 35 MINUTI AL MASSIMO, RIVOLTA AD UNA CLASSE A SCELTA DELLA SCUOLA SECONDARIA INFERIORE O SUPERIORE, CHE RIGUARDI IL SEGUENTE ARGOMENTO:

• Il cubismo e le sue evoluzioni nel corso degli anni. Inoltre il candidato illustri i principi tecnico- grafici alla base delle proiezioni ortogonali così come queste vengono utilizzate nella rappresentazione spaziale dagli artisti del Cubismo.

ANDRANNO INIZIALMENTE ILLUSTRATE LE

SCELTE CONTENUTISTICHE, DIDATTICHE E
METODOLOGICHE.

Traccia 3

IL CANDIDATO PRESENTI UNA LEZIONE DELLA
DURATA DI 35 MINUTI AL MASSIMO, RIVOLTA AD
UNA CLASSE A SCELTA DELLA SCUOLA SECONDARIA
INFERIORE O SUPERIORE, CHE RIGUARDI IL
SEGUENTE ARGOMENTO:

• Il Romanticismo dalla sua nascita alla sua espansione nell'arte
  europea dell'Ottocento.

Inoltre il candidato illustri brevemente le modalità' di
rappresentazione secondo la proiezione assonometrica
elaborata da Gaspard Monge alla fine del Settecento.

ANDRANNO INIZIALMENTE ILLUSTRATE LE
SCELTE CONTENUTISTICHE, DIDATTICHE E
METODOLOGICHE.

CLASSE DI CONCORSO A001

Traccia 1

La reazione delle Avanguardie storiche nei confronti della
guerra Il candidato progetti un'attività didattica da esporsi in
massimo 35 minuti, nella quale siano esplicitate le scelte

contenutistiche, didattiche e metodologiche adottate, evidenziando sia i possibili collegamenti tra attività teoriche e pratiche/operative/laboratoriali della disciplina, sia eventuali collegamenti interdisciplinari fornendo, inoltre, esempi di utilizzo pratico delle Tecnologie dell'informazione e della comunicazione.

Il Candidato dovrà prevedere che i destinatari siano studenti di una classe della scuola secondaria di primo grado, costituita da 18 alunni di cui un alunno con disabilità ai sensi della legge 104/92 (disabilità intellettiva lieve).

Traccia 2

Il candidato progetti un'attività didattica da esporsi in massimo 35 minuti, nella quale siano esplicitate le scelte contenutistiche, didattiche e metodologiche adottate, evidenziando sia i possibili collegamenti tra attività teoriche e pratiche/operative/laboratoriali della disciplina, sia eventuali collegamenti interdisciplinari fornendo, inoltre, esempi di utilizzo pratico delle Tecnologie dell'informazione e della comunicazione.

Il Candidato dovrà prevedere che i destinatari siano studenti di una classe della scuola secondaria di primo grado, costituita da 21 alunni di cui un alunno con disabilità ai sensi della legge 104/92 (lieve ritardo cognitivo).

Traccia 3

Linguaggio e funzioni delle decorazioni nelle necropoli Il

candidato progetti un'attività didattica da esporsi in massimo 35 minuti, nella quale siano esplicitate le scelte contenutistiche, didattiche e metodologiche adottate, evidenziando sia i possibili collegamenti tra attività teoriche e pratiche/operative/laboratoriali della disciplina, sia eventuali collegamenti interdisciplinari

fornendo, inoltre, esempi di utilizzo pratico delle Tecnologie dell'informazione e della comunicazione.

Il Candidato dovrà prevedere che i destinatari siano studenti di una classe della scuola secondaria di primo grado, costituita da 20 alunni di cui un alunno con un alunno con disturbi specifici dell'apprendimento ai sensi della legge 170/10 (disprassico).

Traccia 4

Dal romanico al gotico: gli sviluppi in architettura Il candidato progetti un'attività didattica da esporsi in massimo 35 minuti, nella quale siano esplicitate le scelte contenutistiche, didattiche e metodologiche adottate, evidenziando sia i possibili collegamenti tra attività teoriche e pratiche/operative/laboratoriali della disciplina, sia eventuali collegamenti interdisciplinari fornendo, inoltre, esempi di utilizzo pratico delle Tecnologie dell'informazione e della comunicazione.

Il Candidato dovrà prevedere che i destinatari siano studenti di una classe della scuola secondaria di primo grado, costituita da 22 alunni di cui un alunno con disturbi specifici dell'apprendimento ai sensi della legge 170/10 (disprassico).

Traccia 5

L'evoluzione del linguaggio di Michelangelo attraverso le sue celebri "Pietà" Il candidato progetti un'attività didattica da esporsi in massimo 35 minuti, nella quale siano esplicitate le scelte contenutistiche, didattiche e metodologiche adottate, evidenziando sia i possibili collegamenti tra attività teoriche e pratiche/operative/laboratoriali della disciplina, sia eventuali collegamenti interdisciplinari fornendo, inoltre, esempi di utilizzo pratico delle Tecnologie dell'informazione e della comunicazione.

Il Candidato dovrà prevedere che i destinatari siano studenti di una classe della scuola secondaria di primo grado, costituita da 19 alunni di cui un alunno con disabilità ai sensi della legge 104/92 (ADHD) e uno alunni con disturbi specifici dell'apprendimento ai sensi della legge 170/10 (disgrafico).

Traccia 6

La funzione celebrativa nell'arte romana Il candidato progetti un'attività didattica da esporsi in massimo 35 minuti, nella quale siano esplicitate le scelte contenutistiche, didattiche e metodologiche adottate, evidenziando sia i possibili collegamenti tra attività teoriche e pratiche/operative/laboratoriali della disciplina, sia eventuali collegamenti interdisciplinari fornendo, inoltre, esempi di utilizzo pratico delle Tecnologie dell'informazione e della comunicazione.

Il Candidato dovrà prevedere che i destinatari siano studenti di una classe della scuola secondaria di primo grado, costituita da 21 alunni di cui un alunno con disabilità ai sensi della legge 104/92 (disturbo dello spettro autistico ad alto funzionamento).

CL
AS
SE
DI
C
O
N
C
O
RS
O
A1
5

Traccia 1

Il candidato, scegliendo un argomento disciplinare riguardante la tematica "Malattie cronico- degenerative", simuli una lezione in laboratorio nell'ambito di un'unità di apprendimento, utilizzando opportune metodologie didattiche e avvalendosi di tecnologie dell'informazione e della comunicazione.

I destinatari sono gli studenti della classe quinta dell'Istruzione professionale, settore servizi, indirizzo servizi socio-sanitari. La classe della presente simulazione è composta da 23 alunni e vede la presenza di 2 alunni con DSA, discalculici. Gli studenti hanno abilità e competenze diversificate, quindi richiedono una particolare attenzione verso la motivazione, l'operatività, la positiva relazione educativa insegnante-studente, con la quale affrontare le specificità all'interno della classe.

CLASSE DI CONCORSO A18

Traccia 1

Il candidato imposti un'unità di apprendimento relativa al mito della caverna, chiave di lettura e spiegazione del pensiero platonico per una classe III, composta da 24 alunni di cui 2 DSA . Il candidato dovrà esplicitare la programmazione didattica nelle sue diverse fasi, utilizzando le opportune metodologie didattiche.

Traccia 2

La candidata imposti una lezione di Sociologia relativa alla globalizzazione per una classe 5^ di un Liceo delle scienze umane con opzione economico sociale. La candidata dovrà esplicitare la progettazione didattica, utilizzando le opportune metodologie. La candidata dovrà tenere in considerazione queste caratteristiche del gruppo classe: nella classe sono presenti due studenti con diagnosi DSA, gli alunni sono 20.

CLASSE DI CONCORSO A30

Traccia 1

"Presentazione di alcune strutture ritmiche attraverso l'uso del linguaggio verbale ". Esporre in 35 minuti la progettazione di un'attività didattica, comprensiva delle scelte contenutistiche, didattiche e metodologiche compiute e di esempi di utilizzo pratico delle TIC . I destinatari saranno gli studenti di una classe costituita da 26 alunni tra i quali 2 stranieri, 2 alunni con disturbi di apprendimento (DSA) ed 1 alunno PEI. Verrà inoltre accertata la capacità di comprensione e conversazione in lingua inglese almeno a livello B2 del QCER.

Traccia 2

"Una tecnica compositiva: la variazione" Esporre in 35 minuti la progettazione di un'attività didattica, comprensiva delle scelte contenutistiche, didattiche e metodologiche compiute e di esempi di utilizzo pratico delle TIC . I destinatari saranno gli studenti di una classe costituita da 25 alunni tra i quali 1 straniero, 2 alunni con disturbi di apprendimento (DSA) ed 1 alunno PEI. Verrà inoltre accertata la capacità di comprensione e conversazione in lingua inglese almeno al livello B2 del QCER.

Traccia 3

"L'inquinamento acustico: problemi e risoluzioni" Esporre in 35 minuti la progettazione di un'attività didattica, comprensiva delle scelte contenutistiche, didattiche e metodologiche compiute e di esempi di utilizzo pratico delle TIC . I destinatari saranno gli studenti di una classe costituita da 23 alunni tra i quali 2 alunni con disturbi di apprendimento (DSA) ed 1 alunno PEI. Verrà inoltre accertata la capacità di comprensione e conversazione in lingua inglese almeno al livello B2 del QCER.

Traccia 4

"Due indicazioni espressive in musica: la velocità e l'intensità" Esporre in 35 minuti la progettazione di un'attività didattica, comprensiva delle scelte contenutistiche, didattiche e metodologiche compiute e di esempi di utilizzo pratico delle TIC . I destinatari saranno gli studenti di una classe costituita da 25 alunni tra i quali 1 straniero, 2 alunni con disturbi di apprendimento (DSA) ed 1 alunno PEI. Verrà inoltre accertata la capacità di comprensione e conversazione in lingua inglese almeno al livello B2 del QCER.

Traccia 5

"Come la musica racconta la storia dell'uomo" Esporre in 35 minuti la progettazione di un'attività didattica, comprensiva delle scelte contenutistiche, didattiche e metodologiche compiute e di esempi di utilizzo pratico delle TIC. I destinatari saranno gli studenti di una classe costituita da 24 alunni tra i quali 1 straniero, 2 alunni con disturbi di apprendimento (DSA) ed 1 alunno PEI. Verrà inoltre accertata la capacità di comprensione e conversazione in lingua inglese almeno al livello B2 del QCER.

CLASSE DI CONCORSO A37

Traccia 1

Il candidato, tenendo conto di quanto indicato nella parte generale prevista dalle Indicazioni ministeriali , dovrà essere in grado di formulare proposte didattiche argomentate sull'ambito disciplinare: Progettazione stradale con particolare riferimento a Dal tracciolino alla poligonale d'asse.

La trattazione del contenuto proposto deve svilupparsi entro due moduli di lezione, deve rivolgersi ad una classe quinta , in cui siano presenti un DSA, che richiede la necessaria personalizzazione.

CL
AS
SE
DI
C
O
N
C
O
RS
O
A4
2

Traccia 1

Il candidato, scegliendo un argomento disciplinare nel blocco tematico "Componenti idraulici di base", simuli una lezione nell'ambito di un'unità di apprendimento, utilizzando opportune metodologie didattiche e avvalendosi di tecnologie dell'informazione e della comunicazione. La lezione simulata è per una classe prima dell'Istruzione e Formazione Professionale "Operatore di impianti termoidraulici" . La classe è composta da 18 alunni di cui 2 DSA.

Per l'accertamento della lingua straniera, l'interlocuzione con il candidato verterà su un argomento dello stesso blocco tematico della lezione simulata.

CLASSE DI CONCORSO A45

Traccia 1

Il candidato, scegliendo un argomento disciplinare nel blocco tematico "Dai valori contabili ai valori di bilancio: le operazioni di assestamento", simuli una lezione nell'ambito di un'unità di apprendimento, esplicitando la progettazione didattica nelle sue diverse fasi, utilizzando le opportune metodologie didattiche e avvalendosi delle tecnologie dell'informazione e della comunicazione.

I destinatari sono gli studenti di una classe terza di un istituto tecnico, indirizzo Amministrazione Finanza e Marketing, composta da 20 alunni di cui 1 disabile con deficit cognitivo di grado lieve, che segue un percorso personalizzato e 2 alunni con disturbi specifici di apprendimento (dislessia).

Il candidato per lo svolgimento della prova avrà a disposizione una postazione con LIM e video proiettore. La durata massima della lezione è di 35 minuti, a cui farà seguito un massimo di 10 minuti per l'interlocuzione della Commissione con il candidato, anche ai fini dell'accertamento della lingua straniera prescelta.

Traccia 2

Il candidato, scegliendo un argomento disciplinare nel blocco tematico "La gestione dei beni strumentali nelle imprese industriali: le costruzioni in economia e/o le dismissioni", simuli una lezione nell'ambito di un'unità di apprendimento, esplicitando la progettazione didattica nelle sue diverse fasi, utilizzando le opportune metodologie didattiche e avvalendosi delle tecnologie dell'informazione e della comunicazione.

I destinatari sono gli studenti di una classe quarta di un istituto tecnico, indirizzo Amministrazione Finanza e Marketing, composta da 20 alunni di cui 1 disabile con deficit cognitivo di grado lieve, che segue un percorso personalizzato e 2 alunni con disturbi specifici di apprendimento (dislessia).

Il candidato per lo svolgimento della prova avrà a disposizione una postazione con LIM e video proiettore. La durata massima della lezione è di 35 minuti, a cui farà seguito un massimo di 10 minuti per l'interlocuzione della Commissione con il candidato, anche ai fini dell'accertamento della lingua straniera prescelta.

CLASSE DI CONCORSO A47

Traccia 1

Impostando un'unità di apprendimento da esporre di 35 minuti, che espliciti le modalità didattiche ritenute più opportune ed utilizzi le tecnologie dell'informazione e della comunicazione, il candidato tratti il tema " Problemi e modelli di programmazione lineare" facendo anche espliciti riferimenti a collegamenti con altre discipline.

I destinatari saranno gli studenti di una classe 5a di un Istituto Tecnico costituita da n° 25 alunni tra i quali sono presenti 3 alunni con bisogni educativi speciali (BES) di cui n°1 con PEI e n° 2 alunni con disturbi specifici dell'apprendimento (DSA).

Per l'accertamento delle capacità di conversazione in lingua straniera, nel corso dell'interlocuzione il candidato riferirà di precedenti esperienze di insegnamento.

CLASSE DI CONCORSO A49

Traccia 1

"Migliorare la destrezza e la precisione del gesto con attrezzi di vario genere" Esporre in 35 minuti la progettazione di un'attività didattica, comprensiva delle scelte contenutistiche, didattiche e metodologiche compiute e di esempi di utilizzo pratico delle TIC. I destinatari saranno gli studenti di una classe costituita da 23 alunni, tra i quali 1 straniero e 3 alunni con disturbi di apprendimento (DSA). Verrà inoltre accertata la capacità di comprensione e conversazione in lingua inglese almeno a livello B2 del QCER.

Traccia 2

"Il rispetto delle regole attraverso il gioco" Esporre in 35 minuti la progettazione di un'attività didattica, comprensiva delle scelte contenutistiche, didattiche e metodologiche compiute e di esempi di utilizzo pratico delle TIC. I destinatari saranno gli studenti di una classe costituita da 22 alunni, tra i quali 1 straniero e 2 alunni con disturbi di apprendimento (DSA). Verrà inoltre accertata la capacità di comprensione e conversazione in lingua inglese almeno a livello B2 del QCER.

Traccia 3

"Migliorare le capacità coordinative attraverso il basket" Esporre in 35 minuti la progettazione di un'attività didattica, comprensiva delle scelte contenutistiche, didattiche e metodologiche compiute e di esempi di utilizzo pratico delle TIC. I destinatari saranno gli studenti di una classe costituita da 22 alunni, tra i quali 1 alunno con PEI. Verrà inoltre accertata la capacità di comprensione e conversazione in lingua inglese almeno a livello B2 del QCER.

Traccia 4

"Avvicinare all'ambiente naturale" Esporre in 35 minuti la progettazione di un'attività didattica, comprensiva delle scelte contenutistiche, didattiche e metodologiche compiute e di esempi di utilizzo pratico delle TIC. I destinatari saranno gli studenti di una classe costituita da 23 alunni, qztra i quali 1 straniero e 2 alunni con disturbi di apprendimento (DSA). Verrà inoltre accertata la capacità di comprensione e conversazione in lingua inglese almeno a livello B2 del QCER.

Traccia 5

"Il gioco come relazione con l'altro" Esporre in 35 minuti la progettazione di un'attività didattica, comprensiva delle scelte contenutistiche, didattiche e metodologiche compiute e di esempi di utilizzo pratico delle TIC. I destinatari saranno gli studenti di una classe costituita da 21 alunni, tra i quali 1 straniero e 1 alunno PEI. Verrà inoltre accertata la capacità di comprensione e conversazione in lingua inglese almeno a livello B2 del QCER.

Traccia 6

"Conoscere e applicare il fair play" Esporre in 35 minuti la progettazione di un'attività didattica, comprensiva delle scelte contenutistiche, didattiche e metodologiche compiute e di esempi di

utilizzo pratico delle TIC. I destinatari saranno gli studenti di una classe costituita da 25 alunni, tra i quali 2 con disturbi di apprendimento (DSA). Verrà inoltre accertata la capacità di comprensione e conversazione in lingua inglese almeno a livello B2 del QCER.

Traccia 7

"Il linguaggio del corpo come modalità comunicativo-espressiva" Esporre in 35 minuti la progettazione di un'attività didattica, comprensiva delle scelte contenutistiche, didattiche e metodologiche compiute e di esempi di utilizzo pratico delle TIC. I destinatari saranno gli studenti di una classe costituita da 25 alunni, tra i quali 2 alunni con disturbi di apprendimento (DSA). Verrà inoltre accertata la capacità di comprensione e conversazione in lingua inglese almeno a livello B2 del QCER.

Traccia 9

"Il gioco come strumento per imparare a collaborare" Esporre in 35 minuti la progettazione di un'attività didattica, comprensiva delle scelte contenutistiche, didattiche e metodologiche compiute e di esempi di utilizzo pratico delle TIC. I destinatari saranno gli studenti di una classe costituita da 20 alunni, tra i quali 1 straniero e 2 alunni con disturbi di apprendimento (DSA). Verrà inoltre accertata la capacità di comprensione e conversazione in lingua inglese almeno a livello B2 del QCER.

Traccia 10

" Migliorare le capacità coordinative con l'utilizzo della palla" Esporre in 35 minuti la progettazione di un'attività didattica, comprensiva delle scelte contenutistiche, didattiche e metodologiche compiute e di esempi di utilizzo pratico delle TIC. I destinatari saranno gli studenti di una classe costituita da 26 alunni, tra i quali 2 alunni con disturbi di apprendimento (DSA), 1 alunno straniero e 1 alunno con PEI. Verrà inoltre accertata la capacità di comprensione e conversazione in lingua inglese almeno a livello B2 del QCER.

Traccia 11

" L'utilizzo di piccoli attrezzi per migliorare la coordinazione"
Esporre in 35 minuti la progettazione di un'attività didattica,
comprensiva delle scelte contenutistiche, didattiche e
metodologiche compiute e di esempi di utilizzo pratico delle
TIC. I destinatari saranno gli studenti di una classe costituita
da 24 alunni, tra i quali 1 straniero e 2 alunni PEI. Verrà inoltre
accertata la capacità di comprensione e conversazione in lingua
inglese almeno a livello B2 del QCER.

Traccia 12

"Sviluppare e migliorare l'orientamento spazio-temporale"
Esporre in 35 minuti la progettazione di un'attività didattica,
comprensiva delle scelte contenutistiche, didattiche e
metodologiche compiute e di esempi di utilizzo pratico delle
TIC. I destinatari saranno gli studenti di una classe costituita da
23 alunni, tra i quali 1 straniero e 2 alunni con disturbi di
apprendimento (DSA). Verrà inoltre accertata la capacità di
comprensione e conversazione in lingua inglese almeno a livello
B2 del QCER.

Traccia 13

"Imparare a collaborare attraverso il gioco" Esporre in 35
minuti la progettazione di un'attività didattica, comprensiva
delle scelte contenutistiche, didattiche e metodologiche
compiute e di

esempi di utilizzo pratico delle TIC. I destinatari saranno gli
studenti di una classe costituita da 21 alunni, tra i quali 2
stranieri. Verrà inoltre accertata la capacità di comprensione e

conversazione in lingua inglese almeno a livello B2 del QCER.

CLASSE DI CONCORSO A48

Traccia 1:
Si simuli una lezione di educazione fisica, da applicarsi ad una seconda classe di un Istituto Superiore, focalizzata sull'importanza dell'attività fisica regolare per la salute. Si incoraggi l'uso di metodologie pratiche e interattive, come giochi di squadra o circuiti fitness che promuovano il benessere fisico e mentale. Si consideri in particolare il caso di una classe con presenza di alunni DSA, individuando metodologie e strumenti adatti a coinvolgerli attivamente, assicurando una piena inclusione.

Traccia 2:
Si simuli una lezione di educazione fisica, da applicarsi ad una seconda classe di un Istituto Superiore, sul tema della prevenzione degli infortuni sportivi. Si privilegi l'uso di metodologie didattiche partecipative, come la dimostrazione pratica di esercizi di riscaldamento e stretching, nonché l'analisi di casi studio per sensibilizzare gli studenti sull'importanza di una corretta preparazione fisica. Si presti attenzione alla classe con presenza di alunni DSA, proponendo strumenti e approcci inclusivi che facilitino la loro partecipazione e comprensione.

Traccia 1: L'Importanza dell'Attività Fisica per la Salute Cardiovascolare

Contesto: Seconda classe di un Istituto Tecnico Tecnologico, con particolare attenzione agli studenti con DSA.

Moduli di Lezione:

- Modulo 1: Introduzione all'importanza dell'attività fisica regolare per mantenere un cuore sano. Discussione sulle funzioni cardiache e come l'esercizio fisico influisce positivamente sulla pressione sanguigna e sulla circolazione.
- Modulo 2: Esercitazioni pratiche di laboratorio: stazioni di attività cardio come saltare la corda, corsa leggera, e circuiti di esercizi a corpo libero. Ogni stazione avrà una breve spiegazione sul perché l'attività è benefica per il cuore.

Personalizzazione per DSA: Utilizzo di strumenti visivi per spiegare le funzioni del cuore e l'impatto dell'esercizio. Esercizi personalizzati in base alle capacità individuali, con supporto visivo e temporale per facilitare la comprensione e l'engagement.

Traccia 2: Prevenzione degli Infortuni e Corretta Postura

Contesto: Quinta classe del Liceo delle Scienze Applicate, con la presenza di uno studente con DSA.

Moduli di Lezione:

- Modulo 1: Teoria sulla struttura muscolare e ossea umana, con focus sulle caratteristiche chimiche e fisiche dei tessuti coinvolti nel movimento. Discussione su come una postura scorretta possa portare a infortuni.
- Modulo 2: Laboratorio pratico su tecniche di stretching e riscaldamento per prevenire infortuni. Esercitazioni su come mantenere una corretta postura durante l'esercizio e nella vita quotidiana.

Personalizzazione per DSA: Materiali didattici inclusivi come diagrammi e video esplicativi sulla postura corretta. Lezione pratica con accompagnamento individuale, assicurando che le istruzioni siano chiare e facilmente eseguibili.

CLASSE DI CONCORSO A50

Traccia 1

Il candidato, tenendo conto di quanto indicato nella parte generale prevista dalle Indicazioni ministeriali , dovrà essere in grado di formulare proposte didattiche argomentate sull'ambito disciplinare:
• L'atmosfera

con particolare riferimento a
• La pressione ed esercitazioni di laboratorio.

La trattazione del contenuto proposto deve svilupparsi entro due moduli di lezione, deve rivolgersi ad una classe seconda dell'Istituto tecnico tecnologico indirizzo CAT , in cui siano presenti un DSA, che richiede la necessaria personalizzazione.

Traccia 2

Il candidato, tenendo conto di quanto indicato nella parte generale prevista dalle Indicazioni ministeriali , dovrà essere in grado di formulare proposte didattiche argomentate sull'ambito disciplinare:
• Struttura interna della terra

con particolare riferimento a
• Caratteristiche chimiche e fisiche.

La trattazione del contenuto proposto deve svilupparsi entro due moduli di lezione, deve rivolgersi ad una classe quinta del Liceo delle Scienze Applicate , in cui siano presenti un DSA, che richiede la necessaria personalizzazione.

CLASSE DI CONCORSO A51

Traccia 1

Il candidato, tenendo conto di quanto indicato nella parte generale prevista dalle Indicazioni ministeriali , dovrà essere in grado di formulare proposte didattiche argomentate sull'ambito disciplinare: Estimo legale con particolare riferimento a Le successioni.

La trattazione del contenuto proposto deve svilupparsi entro due moduli di lezione, deve rivolgersi ad una classe quinta dell'Istituto tecnico tecnologico indirizzo CAT , in cui sia presente un DSA, che richiede la necessaria personalizzazione.

Traccia 2

Il candidato, tenendo conto di quanto indicato nella parte generale prevista dalle Indicazioni ministeriali , dovrà essere in grado di formulare proposte didattiche argomentate sull'ambito disciplinare: Il clima con particolare riferimento a I fattori climatici e gli elementi del clima.

La trattazione del contenuto proposto deve svilupparsi entro due moduli di lezione, deve rivolgersi ad una classe seconda di un istituto professionale, in cui siano presenti due DSA, che richiedono la necessaria personalizzazione.

Traccia 3

Il candidato, tenendo conto di quanto indicato nella parte generale prevista dalle Indicazioni ministeriali , dovrà essere in grado di formulare proposte didattiche argomentate sull'ambito disciplinare: Catasto terreni con particolare riferimento a Fasi di formazione.

La trattazione del contenuto proposto deve svilupparsi entro due moduli di lezione, deve rivolgersi ad una classe quinta dell'Istituto tecnico tecnologico indirizzo CAT , in cui sia presente un DSA, che richiede la necessaria personalizzazione.

CLASSE DI CONCORSO A54

Traccia 1

Il candidato presenti una lezione della durata di 35 minuti al massimo, rivolta ad una classe e ad un indirizzo a sua scelta della scuola secondaria di secondo grado, che riguardi il seguente argomento: Le forme assunte dall'Art Nouveau nelle diverse declinazioni adottate dai principali paesi europei.

Andranno inizialmente illustrate le scelte contenutistiche, didattiche, metodologiche e inclusive, individuati i possibili collegamenti interdisciplinari ed esplicitate le competenze che lo studente dovrà acquisire sulla base delle indicazioni nazionali/linee guida ministeriali. Parte dell'unità di apprendimento dovrà essere svolta in francese. Il candidato è invitato a dimostrare, all'interno della trattazione, le competenze nell'uso didattico delle tecnologie informatiche e della comunicazione.

Traccia 2

Il candidato presenti una lezione della durata di 35 minuti al massimo, rivolta ad una classe e ad un indirizzo a sua scelta della scuola secondaria di secondo grado, che riguardi il seguente argomento: Il Barocco e i suoi maggiori interpreti nella pittura italiana del Seicento. Andranno inizialmente illustrate le scelte contenutistiche, didattiche, metodologiche e inclusive, individuati i possibili collegamenti interdisciplinari ed esplicitate le competenze che lo studente dovrà acquisire sulla base delle indicazioni nazionali/linee guida ministeriali. Parte dell'unità di apprendimento dovrà essere svolta in francese. Il candidato è invitato a dimostrare, all'interno della trattazione, le competenze nell'uso didattico delle tecnologie informatiche e della comunicazione.

CL
AS
SE
DI
C
O
N
C

Traccia 1

Il candidato progetti, all'interno di un'unità di apprendimento, una lezione simulata della durata di 35 minuti relativa ad un'attività che preveda l'introduzione alle Proiezioni Ortogonali. Il candidato dovrà prendere in considerazione l'ambiente webécole attraverso l'utilizzo delle principali Google Apps, finalizzando il lavoro alla condivisione con gli alunni.

La lezione dovrà essere preceduta dall'illustrazione delle scelte contenutistiche, didattiche, metodologiche, logistiche. Al fine di renderla attinente ad un contesto reale, il candidato consideri che nella classe siano presenti 2 alunni BES con disturbi specifici di apprendimento (DSA) con problemi di attenzione e di concentrazione

Traccia 2

Il candidato progetti, all'interno di una unità di apprendimento, una lezione simulata della durata di 35 minuti che analizzi le problematiche legate all'inquinamento delle acque dei mari. Il candidato dovrà prendere in considerazione l'ambiente webécole attraverso l'utilizzo delle principali Google Apps, finalizzando il lavoro alla condivisione con gli alunni.

La lezione dovrà essere preceduta dall'illustrazione delle scelte contenutistiche, didattiche, metodologiche, logistiche. Al fine di renderla attinente ad un contesto reale, il candidato consideri che nella classe siano presenti 2 alunni stranieri con bisogni educativi speciali (BES) con una conoscenza incerta della lingua italiana.

Traccia 3

Il candidato progetti, all'interno di una unità di apprendimento, una lezione simulata della durata di 35 minuti relativa ad un'attività di raccolta, tabulazione e presentazione di dati partendo da un questionario scolastico. Il candidato dovrà prendere in considerazione l'ambiente webécole attraverso l'utilizzo delle principali Google Apps, finalizzando il lavoro alla condivisione con gli alunni.

La lezione dovrà essere preceduta dall'illustrazione delle scelte contenutistiche, didattiche, metodologiche, logistiche. Al fine di renderla attinente ad un contesto reale, il candidato consideri che nella classe siano presenti 2 alunni BES, di cui uno straniero con una conoscenza incerta della lingua italiana e uno con disturbi specifici di apprendimento (DSA) che presenta problemi di attenzione e di concentrazione.

Traccia 4

Il candidato progetti, all'interno di una unità di apprendimento, una lezione simulata della durata di 35 minuti relativa all'impiego dell'energia eolica, dei suoi vantaggi e dei suoi svantaggi. Il candidato dovrà prendere in considerazione l'ambiente webécole attraverso l'utilizzo delle principali Google

Apps, finalizzando il lavoro alla condivisione con gli alunni.

La lezione dovrà essere preceduta dall'illustrazione delle scelte contenutistiche, didattiche, metodologiche, logistiche. Al fine di renderla attinente ad un contesto reale, il candidato consideri che nella classe siano presenti 2 alunni stranieri con bisogni educativi speciali (BES) con una conoscenza incerta della lingua italiana.

Traccia 5

Il candidato progetti, all'interno di una unità di apprendimento, una lezione simulata della durata di 35 minuti che illustri la scelta del no all'energia nucleare in Italia. Il candidato dovrà prendere in considerazione l'ambiente webécole attraverso l'utilizzo delle principali Google Apps, finalizzando il lavoro alla condivisione con gli alunni.

La lezione dovrà essere preceduta dall'illustrazione delle scelte contenutistiche, didattiche, metodologiche, logistiche. Al fine di renderla attinente ad un contesto reale, il candidato consideri che nella classe siano presenti 2 alunni stranieri con bisogni educativi speciali (BES) con una conoscenza incerta della lingua italiana.

Traccia 6

Il candidato progetti, all'interno di una unità di apprendimento, una lezione simulata della durata di 35 minuti che illustri l'ambiente webécole e il funzionamento del clouding utilizzando strumenti informatici, finalizzando il lavoro alla condivisione con gli alunni.

La lezione dovrà essere preceduta dall'illustrazione delle scelte contenutistiche, didattiche, metodologiche, logistiche. Al fine di renderla attinente ad un contesto reale, il candidato consideri che nella classe siano presenti 2 alunni stranieri con bisogni educativi speciali (BES) con una conoscenza incerta della lingua italiana.

Traccia 7

Il candidato progetti, all'interno di una unità di apprendimento, una lezione simulata della durata di 35 minuti relativa ad un'attività che illustri la costruzione dei poligoni regolari dato il lato. Il candidato dovrà prendere in considerazione l'ambiente webécole attraverso l'utilizzo delle principali Google Apps, finalizzando il lavoro alla condivisione con gli alunni.

La lezione dovrà essere preceduta dall'illustrazione delle scelte contenutistiche, didattiche, metodologiche, logistiche. Al fine di renderla attinente ad un contesto reale, il candidato consideri che nella classe siano presenti 2 alunni BES con disturbi specifici di apprendimento (DSA) con problemi di attenzione e di concentrazione.

Traccia 8

Il candidato progetti, all'interno di un'unità di apprendimento, una lezione simulata della durata di 35 minuti relativa ad un'attività che preveda l'introduzione alle Proiezioni Ortogonali. Il candidato dovrà prendere in considerazione l'ambiente webécole attraverso l'utilizzo delle principali Google

Apps, finalizzando il lavoro alla condivisione con gli alunni.

La lezione dovrà essere preceduta dall'illustrazione delle scelte contenutistiche, didattiche, metodologiche, logistiche. Al fine di renderla attinente ad un contesto reale, il candidato consideri che nella classe siano presenti 2 alunni BES con disturbi specifici di apprendimento (DSA) con problemi di attenzione e di concentrazione.

CLASSE DI CONCORSO B17

Traccia 1

Il candidato simuli una lezione su Tolleranze di lavorazione, rugosità superficiale e loro controllo, indicandone l'UdA in cui è inserita, utilizzando gli opportuni contenuti e le opportune metodologie didattiche, le cui scelte dovranno essere illustrate, e avvalendosi di tecnologie dell'informazione e della comunicazione. La classe destinataria dovrà essere una terza dell'indirizzo Manutenzione e assistenza tecnica composta da 18 studenti di cui 2 DSA. Gli studenti sono poco motivati allo studio e presentano lacune di base, perciò richiedono particolari metodologie didattiche.

Traccia 2

Il candidato simuli una lezione su Lavorazione al tornio parallelo, indicandone l'UdA in cui è inserita, utilizzando gli opportuni contenuti e le opportune metodologie didattiche, le cui scelte dovranno essere illustrate, e avvalendosi di tecnologie dell'informazione e della comunicazione. La classe destinataria dovrà essere una terza dell'indirizzo Manutenzione e assistenza tecnica composta da 24 studenti derivanti all'unione di due seconde. Gli studenti sono poco motivati allo studio e presentano lacune di base, perciò richiedono particolari metodologie didattiche.

CLASSE DI CONCORSO B23

Traccia 1

Il candidato, scegliendo un argomento disciplinare nel blocco tematico "I servizi e i laboratori rivolti ai minori", simuli una lezione nell'ambito di un'unità di apprendimento, utilizzando opportune metodologie didattiche e avvalendosi di tecnologie dell'informazione e della comunicazione. La lezione simulata è per una classe seconda dell'Istruzione professionale "Servizi socio-sanitari", settore "Servizi". La classe è composta da 16 alunni di cui 1 con deficit cognitivo lieve e con percorso formativo equipollente.

CLASSE DI CONCORSO A55

Traccia 1

Il candidato imposti un percorso didattico (sulla base della traccia che segue). Il candidato dovrà esplicitare la progettazione didattica nelle sue diverse fasi, utilizzando le opportune metodologie didattiche e avvalendosi delle tecnologie dell'informazione e della comunicazione (TIC).

Il candidato descriva quali metodologie e strategie didattiche metterebbe in atto al fine di individuare il registro vocale dell'allievo, anche in considerazione del livello di corso, dell'età e dello sviluppo evolutivo.

Traccia 2

Il candidato imposti un percorso didattico (sulla base della traccia che segue). Il candidato dovrà esplicitare la progettazione didattica nelle sue diverse fasi, utilizzando le opportune metodologie didattiche e avvalendosi delle tecnologie dell'informazione e della comunicazione (TIC). Il candidato dovrà tenere in considerazione le caratteristiche del gruppo classe, individuando al tempo stesso gli strumenti idonei all'attivazione di una didattica individualizzata e personalizzata, coerente con i bisogni formativi dei singoli alunni, con particolare attenzione all'obiettivo dell'inclusione degli alunni con disabilità e ai bisogni educativi speciali (PEI, DSA, BES e/o stranieri/alunni adottati).

Il candidato incentra la sua lezione sull'evoluzione della notazione per chitarra, formulando esempi e proponendo un lavoro di trascrizione ed esecuzione di un brano appartenente all'epoca rinascimentale per un gruppo di alunni di classe quarta. Il candidato dovrà tenere conto di possibili usi delle TIC e di situazioni che prevedano la presenza di alunni con BES.

Traccia 3

Presentazione di tecniche di studio che contribuiscano alla conoscenza approfondita di un brano a scelta del candidato, sia sotto l'aspetto meccanico, che musicale. Si citino esperienze, metodi, maestri, che hanno lavorato significativamente allo sviluppo di tali tecniche. Si tenga conto, inoltre della cosiddetta "igiene dello studio". Il candidato dovrà tenere conto di possibili usi delle TIC e di situazioni che prevedano la presenza di alunni con BES.

Il candidato dovrà tenere in considerazione le caratteristiche del gruppo classe, individuando al tempo stesso gli strumenti idonei all'attivazione di una didattica individualizzata e personalizzata, coerente con i bisogni formativi dei singoli alunni, con particolare attenzione all'obiettivo dell'inclusione degli alunni con disabilità e ai bisogni educativi speciali (PEI, DSA, BES e/o stranieri/alunni adottati).

Traccia 4 (pianoforte)

Il candidato incentra una lezione sulla consapevolezza posturale dell'alunno con particolari riferimenti alla posizione seduta, alla respirazione, alla posizione della schiena, delle braccia, dei polsi, delle mani e delle dita. Ogni aspetto verrà supportato da opportuni esercizi posturali e di tecnica pianistica , facendo ricorso anche ad immagini ed esempi che favoriscano l'apprendimento pratico. Il candidato dovrà tenere conto di possibili usi delle TIC e di situazioni che prevedano la presenza di alunni con BES.

Il candidato dovrà tenere in considerazione le caratteristiche del gruppo classe, individuando al tempo stesso gli strumenti idonei all'attivazione di una didattica individualizzata e personalizzata, coerente con i bisogni formativi dei singoli alunni, con particolare attenzione all'obiettivo dell'inclusione degli alunni con disabilità e ai bisogni educativi speciali (PEI, DSA, BES e/o stranieri/alunni adottati).

Traccia 5 (flauto)

Il candidato presenta un arrangiamento (possibilmente redatto con un software di notazione musicale) adatto per l'esecuzione di un semplice brano per tre esecutori che prevede l'interazione di alunni della terza classe con quelli di prima e/o seconda. Ne illustra gli obiettivi didattici, i pre- requisiti tecnici e teorici, i possibili collegamenti storici. Il candidato dovrà tenere conto di possibili usi delle TIC e di situazioni che prevedano la presenza di alunni con BES.

Il candidato dovrà tenere in considerazione le caratteristiche del gruppo classe, individuando al tempo stesso gli strumenti idonei all'attivazione di una didattica individualizzata e personalizzata, coerente con i bisogni formativi dei singoli alunni, con particolare attenzione all'obiettivo dell'inclusione degli alunni con disabilità e ai bisogni educativi speciali (PEI, DSA, BES e/o stranieri/alunni adottati).

Traccia 6 (clarinetto)

Il/la candidato/a ipotizzi una lezione individuale di strumento in preparazione di una audizione/esibizione e descriva quali metodologie e strategie didattiche e psicologiche metterebbe in atto nel corso delle lezioni qualora una allieva/o presentasse problematiche relative a un'emissione di suono caratterizzata da sforzo, stonazione e difficoltà di insufflare nel clarinetto.

Il candidato dovrà esplicitare la progettazione didattica nelle sue diverse fasi, utilizzando le opportune metodologie didattiche e avvalendosi delle tecnologie dell'informazione e della comunicazione (TIC).

Traccia 7 (canto)

Il candidato descriva quali metodologie e strategie didattiche metterebbe in atto nel corso delle lezioni qualora l'allieva/o presentasse problematiche relative a un'emissione vocale caratterizzata da stonazione, anche in considerazione di livello di corso, età e sviluppo evolutivo.

CLASSE DI CONCORSO A56

Traccia 1

Il candidato incentra una lezione sulla consapevolezza posturale di un alunno di classe prima della scuola secondaria di I grado, con particolari riferimenti alla posizione seduta, alla respirazione, alla posizione della schiena, delle braccia e delle mani (anche in relazione alla presa d'arco e alla posizione della mano sinistra). Ogni aspetto verrà supportato da opportuni esercizi posturali e di tecnica violoncellistica, facendo ricorso anche ad immagini ed esempi che favoriscano l'apprendimento pratico.

Il candidato approfitta di questa lezione per verificare che le condizioni degli strumenti utilizzati dagli allievi siano buone, , tenendo in considerazione e illustrando gli aspetti essenziali che potrebbero impedire l'uso corretto dello strumento. Il candidato dovrà tenere conto di possibili usi delle TIC e di situazioni che prevedano la presenza di alunni con BES.

Traccia 2

Il candidato incentra una lezione sulla consapevolezza posturale dell'alunno di classe prima, con particolari riferimenti alla posizione seduta (con poggiapiede oppure con supporto), alla respirazione, alla posizione della schiena, delle braccia e delle mani. Ogni aspetto verrà supportato da opportuni esercizi posturali e di tecnica chitarristica. Il candidato dovrà tenere conto di possibili usi delle TIC e di situazioni che prevedano la presenza di alunni con BES.

Traccia 3

Il candidato presenta un brano solistico (per alunni di classe terza) oppure un arrangiamento per più chitarre e simula una lezione in cui si porrà particolare attenzione sugli aspetti morfologici della musica (dinamica, timbrica, metrica, agogica, fraseggio). Il brano presentato dovrà essere particolarmente adatto al lavoro in oggetto. Il candidato dovrà tenere conto di possibili usi delle TIC e di situazioni che prevedano la presenza di alunni con BES.

Traccia 4

Preparazione di un recital di 1 ora con allievi di classe terza. Quale repertorio è possibile proporre? Come può essere organizzato? Posso essere coinvolte altre discipline? Il candidato dovrà tenere conto di possibili usi delle TIC e di situazioni che prevedano la presenza di alunni con BES.

CLASSE DI CONCORSO A64

Traccia 1

Partendo dall'analisi della prima parte della sonata di Domenico Scarlatti in LA Magg. L 91, il candidato realizzi una lezione nella quale si mettano in evidenza:
- La struttura formale con l'individuazione di sezioni e sottosezioni
- Le caratteristiche del tema principale e la sua elaborazione
- Le successioni armoniche e melodiche (note reali, di passaggio ecc...)
- Altre osservazioni che mettano in luce la peculiarità dello stile scarlattiano.
- Differenze e analogie stilistiche rispetto alla forma della suite
- Evoluzione della sonata scarlattiana nella forma sonata.

CLASSE DI CONCORSO AB56

Traccia 1

Esporre in 35 minuti la progettazione di un'attività didattica, comprensiva dell'illustrazione delle scelte compiute per gli aspetti contenutistici, didattici, metodologici e valutativi, nonché di esempi di utilizzo pratico delle tecnologie digitali relativamente alla seguente traccia: Considerando la letteratura chitarristica, il/la candidato/a individui due brani da inserire in un programma da concerto per ensemble di chitarre di una classe terminale della scuola secondaria di primo grado, motivando la scelta, compiendo un'analisi dei brani ed indicando obiettivi e competenze. I destinatari dell'attività didattica saranno 6 alunni di classe terza, di cui uno con disabilità.

CLASSE DI CONCORSO AC56

Traccia 1

Esporre in 35 minuti la progettazione di una attività didattica, comprensiva dell'illustrazione delle scelte compiute per gli aspetti contenutistici, didattici, metodologici e valutativi, nonché di esempi di utilizzo pratico delle tecnologie digitali relativamente alla seguente traccia: Partendo da una rassegna comparativa di proposte metodologiche elaborate da diversi autori, sia storiche che moderne, il/la candidato/a presenti un proprio percorso introduttivo al clarinetto relativamente ad uno o più aspetti, quali respirazione, postura, produzione del suono. I destinatari dell'attività didattica saranno due alunni di classe prima, entrambi con disturbo specifico dell'apprendimento.

Traccia 2

Esporre in 35 minuti la progettazione di una attività didattica, comprensiva dell'illustrazione delle scelte compiute per gli aspetti contenutistici, didattici, metodologici e valutativi, nonché di esempi di utilizzo pratico delle tecnologie digitali relativamente alla seguente traccia: Il/La candidato/a individui un brano da inserire in un programma da concerto per orchestra SMIM composta dai seguenti strumenti: clarinetto, violino, pianoforte e chitarra. Il/La candidato/a dovrà motivare la scelta, compiendo un'analisi del brano ed indicando obiettivi e competenze anche relativamente agli alunni che hanno bisogni educativi speciali. I destinatari dell'attività didattica saranno gli alunni delle classi terze.

Traccia 3

Esporre in 35 minuti la progettazione di una attività didattica, comprensiva dell'illustrazione delle scelte compiute per gli aspetti contenutistici, didattici, metodologici e valutativi, nonché di esempi

di utilizzo pratico delle tecnologie digitali relativamente alla seguente traccia: Il/La candidato/a individui un brano da inserire in un programma da concerto per orchestra SMIM composta dai seguenti strumenti: flauto, clarinetto, pianoforte e chitarra. Il/La candidato/a dovrà motivare la scelta, compiendo un'analisi del brano ed indicando obiettivi e competenze anche relativamente agli alunni che hanno bisogni educativi speciali. I destinatari dell'attività didattica saranno gli alunni delle classi seconde.

Traccia 4

Esporre in 35 minuti la progettazione di una attività didattica, comprensiva dell'illustrazione delle scelte compiute per gli aspetti contenutistici, didattici, metodologici e valutativi, nonché di esempi di utilizzo pratico delle tecnologie digitali relativamente alla seguente traccia: Il/La candidato/a individui un brano da inserire in un programma da concerto per orchestra SMIM composta dai seguenti strumenti: violino, clarinetto, tromba e pianoforte. Il/La candidato/a dovrà motivare la scelta, compiendo un'analisi del brano ed indicando obiettivi e competenze anche relativamente agli alunni che hanno bisogni educativi speciali. I destinatari dell'attività didattica saranno gli alunni delle classi prime.

CLASSE DI CONCORSO AM56

Traccia 1

Esporre in 35 minuti la progettazione di un'attività didattica, comprensiva dell'illustrazione delle scelte compiute per gli aspetti contenutistici, didattici, metodologici e valutativi, nonché di esempi di utilizzo pratico delle tecnologie digitali relativamente alla seguente traccia: Considerando la letteratura violinistica, il/la candidato/a individui due brani da inserire in un programma da concerto per trio di violini di una classe seconda della scuola secondaria di primo grado, motivando la scelta, compiendo un'analisi dei brani ed indicando obiettivi e competenze. I destinatari dell'attività didattica saranno 3 alunni di classe seconda, di cui uno con disturbi specifici dell'apprendimento.

Traccia 1

Il candidato prepari una lezione simulata, della durata di 35 minuti, su un progetto multidisciplinare, per un'alunna con sordità profonda, inserita in una classe prima di una scuola secondaria di primo grado. Il candidato dovrà illustrare quali strategie adotterà nella progettazione educativa individualizzata per realizzare un intervento equilibrato fra apprendimento e socializzazione, in stretta collaborazione con i docenti delle discipline curricolari.

La lezione dovrà essere preceduta dall'illustrazione delle scelte contenutistiche, didattiche e metodologiche compiute.

Traccia 2

Il candidato prepari una lezione simulata, della durata di 35 minuti, su un progetto multidisciplinare, per un alunno con disturbo oppositivo provocatorio, inserito in una classe prima di una scuola secondaria di primo grado. Il candidato dovrà illustrare quali strategie adotterà nella progettazione educativa individualizzata per realizzare un intervento equilibrato fra apprendimento e socializzazione, in stretta collaborazione con i docenti delle discipline curricolari.

La lezione dovrà essere preceduta dall'illustrazione delle scelte contenutistiche, didattiche e metodologiche compiute.

Traccia 3

Il candidato prepari una lezione simulata, della durata di 35 minuti, su un progetto multidisciplinare, per un alunno con ritardo cognitivo di grado lieve, inserito in una classe prima di una scuola secondaria di primo grado. Il candidato dovrà illustrare quali strategie adotterà nella progettazione educativa individualizzata per realizzare un intervento equilibrato fra apprendimento e socializzazione, in stretta collaborazione con i docenti delle discipline curricolari.

La lezione dovrà essere preceduta dall'illustrazione delle scelte contenutistiche, didattiche e metodologiche compiute.

Traccia 4

Il candidato prepari una lezione simulata, della durata di 35 minuti, su un progetto multidisciplinare, per un alunno con disturbo misto del comportamento sociale e della sfera emozionale, inserito in una classe prima di una scuola secondaria di primo grado. Il candidato dovrà illustrare quali strategie adotterà nella progettazione educativa individualizzata per realizzare un intervento equilibrato fra apprendimento e socializzazione, in stretta collaborazione con i docenti delle discipline curricolari.

La lezione dovrà essere preceduta dall'illustrazione delle scelte contenutistiche, didattiche e metodologiche compiute.

Traccia 1

Il/la candidato/a prepari una lezione simulata, esplicitando anche le scelte didatticometodologiche sottostanti, della durata massima di 30 minuti, su un argomento di una materia dell'area scientifica per uno/a studente/ssa con disturbi dello spettro autistico iscritto/a in una classe prima di una scuola secondaria di secondo grado.

Traccia 2

Il/la candidato/a prepari una lezione simulata, esplicitando anche le scelte didatticometodologiche sottostanti, della durata massima di 30 minuti, su un argomento di una materia dell'area umanistica per uno/a studente/ssa non vedente iscritto/a in una classe quinta di un istituto liceale.

Traccia 3

Il candidato prepari una lezione simulata, della durata di 35 minuti, su un argomento di una materia dell'area motoria per un alunno non vedente inserito in una scuola secondaria di secondo grado. La lezione dovrà essere preceduta da un'illustrazione delle scelte contenutistiche, didattiche e metodologiche compiute.

Traccia 4

Il candidato prepari una lezione simulata, della durata di 35 minuti, su un argomento di una materia dell'area tecnica per un alunno con sordità profonda e competenza in LIS inserito in una scuola secondaria di secondo grado. La lezione dovrà essere preceduta da un'illustrazione delle scelte contenutistiche, didattiche e metodologiche compiute.

Traccia 5

Il candidato prepari una lezione simulata, della durata di 35 minuti, su un argomento di una materia dell'area scientifica per un alunno con deficit intellettivo lieve inserito in una scuola secondaria di secondo grado. La lezione dovrà essere preceduta da un'illustrazione delle scelte contenutistiche, didattiche e metodologiche compiute.

Traccia 6

Il candidato prepari una lezione simulata, della durata di 35 minuti, su un argomento di una materia dell'area umanistica per un alunno con deficit intellettivo lieve inserito in una scuola secondaria di secondo grado. La lezione dovrà essere preceduta da un'illustrazione delle scelte contenutistiche, didattiche e metodologiche compiute.

Traccia 7

Il candidato prepari una lezione simulata, della durata di 35 minuti, su un argomento di una materia dell'area scientifica per un alunno con sindrome di Asperger inserito in una scuola secondaria di secondo grado. La lezione dovrà essere preceduta da un'illustrazione delle scelte contenutistiche, didattiche e metodologiche compiute.

Printed by Amazon Italia Logistica S.r.l.
Torrazza Piemonte (TO), Italy

59077096R00134